내 생애 한 번쯤
절 여행을 떠난다면

내 생애 한 번쯤
절 여행을 떠난다면

김영택 지음

좋은땅

삼십여 년 넘는 세월 동안 교육기관에서 근무하다 정년퇴직하고 서예를 쓰고 불교 공부를 했다. 붓글씨를 쓰면서 학교에서 아이들을 가르칠 때 보이지 않았던 추사 김정희가 보였다. 그래서 추사가 머물렀던 곳이나 인연이 있던 곳을 찾아 다녔다. 그곳에서 보고 듣고 느낀 점을 기록하여 『추사로 가는 길』을 세상에 내놓았다.

불교 공부를 하며 절을 찾아다니고 싶었다. 흔히 말하는 천년 고찰이며 일반 대중들에게도 널리 알려진 절들을 먼저 선택했다. 그래서 삼보사찰로 알려진 통도사, 해인사, 송광사와 유네스코 세계 유산으로 지정된 7개 절을 찾아갔다. 보이지 않던 것들이 보이기 시작했다. 현판 글씨가 보이고 오래된 옛 절에 배어 있는 이야기들을 읽을 수 있었다. 읽고 보고 느낀 것들을 글로 써서 페이스북에 올렸다. 직접 눈으로 보고 글로 쓰는 과정에서 공부가 깊어지는 걸 느꼈다.

불교문화와 사찰에 관한 책이 많지만 개별 사찰의 전각을 통해 불교 사상과 교리를 연결시켜 주는 책은 별로 없다. 주로 사찰 건축의 특징이나 아름다움, 사찰 전각을 주제로 불교 사상을 설명하는 식이다. 또한 사찰 전각에 걸려 있는 현판이나 주련만 다룬 관한 책은 있지만 개별 사찰을 통해 설명하는 책도 찾아보기 어려웠다. 그래서 개별 사찰에 전해 오는 이야기나 전각과 관련된 불교 사상, 현판 및 주련에 대해 알고 싶어 찾아다녔다. 그 과정에서 떠오른 생각들을 덧붙였다. 이 책은 그 즐거운 여정을 묶은 것이다. 불교와 사찰 건축에 대한 지식이 적은 탓에 내용이 소략하고 오류의 가능성도 있으며 문장이 거칠다. 다만 불교 공부 초보자가 쓴 글이지만 용기를 내어 책으로 펴내게 되었다.

즐거운 절 순례를 할 수 있게 만들어 준 인연들이 고맙다. 각원사 불교대학에서 불교를 가르쳐 주는 유근자, 목경찬, 임기영, 백도수 선생은 불교와 절을 새롭고 깊게 그리고 넓게 보는 안목을 키워 주셨다. 서예를 가르쳐 주는 착벽 이명복 선생은 글씨를 쓰고 보는 법과 마음가짐을 갖게 해 주었고, 절의 현판과 주련의 글씨에 대한 오류를 바로잡아 주셨다. 절을 찾아다닐 때마다 먼저 그곳을 찾아가고 글로 남긴 블로거와 책의 저자들은 절을 이해하는 안내자 역할을 해 주었다. 절 기행을 페이스북에 올릴 때마다 읽어 주고 덕담해 준 페이스북 친구들이 있어 계속 절을 찾아다니고 글을 쓰는 데 힘이 되었다. 특히 절을 찾아다닌다고 자주 집을 비우는데도 싫은 내색하지 않고 배려해 준 아내에게 고맙다는 말을 전합니다.

목차

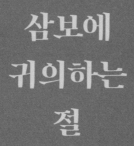

삼보에
귀의하는
절

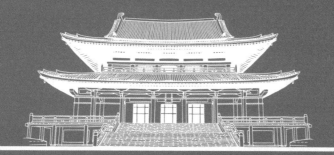

사람들의 가치관과 세계관을 형성하는 데 큰 영향을 끼치는 것이 종교다. 어떤 종교를 믿는다는 것은 그 종교에서 가르치는 가치관과 세계관에 따라 살겠다는 뜻이다. 불교는 부처님의 가르침이므로 불교를 믿는 불자들은 부처님의 가르침에 따라 살겠다고 다짐한다. 이 다짐을 불교에서 귀의라고 한다. 귀의는 믿고 의지하며 공경하는 마음으로 '그대에게 돌아간다.'는 뜻이다. 믿고 의지하는 대상으로 불교에서는 삼보, 즉 세 가지 보배가 있다고 한다. 삼보(三寶)는 불보(佛寶)·법보(法寶)·승보(僧寶)의 세 가지를 말한다.

불교의 초기경전 중 하나인 『숫따니빠따』 '보배의 경'의 17개 게송은 모두 불·법·승 삼보가 가장 큰 행복을 가져다주는 보배이므로 이를 알고 삼보를 공경하여 모든 존재가 행복하기를 바라고 있다. 224번 게송은 "이 세상과 저 세상 어떤 재물이 있더라도, 제아무리 훌륭한 천상의 보배도 여래와 견줄 수 없다. 이 훌륭한 보배는 부처님 안에 있다. 이 진리에 의해 행복하라!"며 불보를 축원하고 있다. 법보와 승보에 대해서도 "… 이 훌륭한 보배는 가르침 안에 있다.", "… 이 훌륭한 보배는 승가 안에 있다."며 법보와 승보를 축원하고 있다.

불보는 부처님을 가리키는 말이고, 법보는 부처님의 가르침 즉 교법(敎法)을 말하며, 승보는 부처님의 가르침에 따라 화합하며 수행하는 자를 말한다. 삼보는 보배이기 때문에 불자들은 "거룩한 부처님께 귀의합니다. 거룩한 가르침에 귀의합니다. 거룩한 스님들께 귀의합니다."를 암송하며 삼보에 귀의한다. 또한 아침저녁으로 예불을 드릴 때 '지심귀명례(至心歸命禮)'로 시작하는 칠정례 예불문을 암송한다. 지심귀명례는 '지극한 마음으로 이 목숨 바쳐 귀의하며 예배드린다.'는 뜻이다. 칠정례의 첫 번째와 두 번째는 부처님에 대한 예배이며, 세 번째는 부처님의 가르침에 대한 예배이고, 네 번째부터 일곱 번째까지는 부처님의 가르침을 따르는 승가 공동체에 대한 예배이다. 칠정례는 삼보에 대해 예경하는 것이다.

절이라고 할 때에는 최소한 불·법·승의 삼보가 갖추어져 있는 곳을 말한다. 그러므로 절이란 불교에서 가장 귀중하게 여기는 세 가지 보배를 모신 곳이다. 그래서 모든 절을 대표하여 석가모니 부처님의 정골사리를 봉안한 통도사는 불보를 상징하는 절, 부처님의 가르침인 경전인 팔만대장경판을 보관하고 있는 해인사는 법보를 상징하는 절, 고려 시대에서 조선 초기에 이르기까지 16명의 국사를 배출한 송광사는 승보를 상징하는 절로 지정하였다. 결국 삼보사찰은 불자들이 불·법·승, 삼보에 귀의하겠다는 다짐을 하는 상징적인 절이다.

영축산 통도사
나라 안의 큰 절이자 절 중의 종갓집

통도사는 나라 안에서 큰 절이자 절 중의 종가집이다. 영축산 자락 400만 평에 도량을 세웠다. 통도사는 많은 산내 암자를 품고 있다. 독수리가 뭇 새들을 두 날개 품에 안고 있는 모습이다. 수행하러 모인 스님들은 또 얼마나 많겠는가. 많은 사부대중을 위해 곳곳까지 접근할 수 있도록 길을 잘 만들어 놓았다. 그래서 자동차를 타고 일주문 입구까지 손쉽게 갈 수 있다.

통도사에 가려면 이 길을 걸어야 ㅣ 무풍한송길

통도사는 시간을 충분히 갖고 천천히 들어가야 하는 곳이다. 영축산문이란 큰 문 입구에 만들어 놓은 주차장에 차를 세우고 소나무 숲을 걸어가야 제격이다. 산문 입구에서 일주문까지 소나무 향을 맡으며 산중 개울물 소리에 취해 이십여 분 천천히 걷다 보면 일주문 앞에 이른

내 생애 한 번쯤 절 여행을 떠난다면

다. 절에서는 소나무들이 춤추듯 구불거리는 모습을 보고 이 길을 '무풍한송(舞風寒松)길'이라고 이름을 지었다.

이 길을 걷다 보면 송수정이란 정자를 만난다. '근심을 내려놓는 숲'이란다. 통도사 방장이자 조계종 종정인 성파스님이 현판 글씨를 썼다. 맑은 향기와 소리가 온몸을 감싸고 도는데 근심이 있을 리 있겠는가. 무풍한송길 끝에 도착하면 〈영축총림대도량〉을 새긴 안내석이 하마비와 함께 있다. 글씨는 서예가 구당 여원구가 썼다.

통도사는 영축총림도량이다. 총림은 산스크리트어 빈댜바나(vindhya-vana)를 의역한 것이고, 음역하면 빈타바나(貧陀婆那)라고 부른다. 많은 사부대중이 함께 배우기 위해 모인 것을 나무가 우거진 수풀에 비유한 것이다. 지금은 참선 수행하는 선원과 경전을 교육하는 강원, 계율

통도사 무풍한송길

교육기관인 율원을 모두 갖춘 절을 일컫는 말이다. 통도사는 선원, 강원, 율원을 갖춘 곳이기에 해인사, 송광사, 수덕사와 함께 맨 처음 총림으로 지정되었다.

무풍한송길을 걷다 보면 통도사가 총림사찰인 것을 느낀다. 춤추는 듯한 낙락장송들이 만들어 내는 길을 걷다 보면 깊은 숲속으로 들어가는 느낌을 준다. 총림은 진리를 깨닫기 위해 수많은 사람들이 모이는 곳이다. 1400여 년 전 까마득한 옛날부터 수많은 사람들이 소나무 사이를 걸으며 진리의 숲으로 들어갔다. 진리를 찾아가는 그들을 소나무들이 춤을 추며 맞이했을 것이다. 그들이 걸어 들어갔던 곳에 우리는 무풍한송길이란 멋진 이름을 붙여 놓았을 뿐이다. 무풍한송길은 직접 걸어가야 하는 길이다.

초입부터 위엄이 느껴지네 | 일주문

통도사에 들어가는 건 궁궐 속으로 들어가는 것 같다. 격이 다르게 느껴지는 곳이다. 가문으로 치면 종갓집을 방문하는 느낌을 준다. 통도사는 사찰에게 부여하는 여러 가지 타이틀을 갖고 있는 곳이기에 그럴 것이다. 통도사는 불교의 삼보사찰 중 불보사찰, 5대 적멸보궁, 8대 총림사찰 중 영축총림, 7개의 유네스코 세계 유산 산사, 천년 고찰이란 타이틀을 갖고 있다. 그중에서 적멸보궁이 있는 불보사찰이란 타이틀은 통도사의 위상을 짐작해 볼 수 있는 상징적인 이름이다.

통도사에 들어가기 위해 맨 먼저 만나는 문인 일주문에는 〈영축산통도사(靈鷲山通度寺)〉란 현판이 달려 있어 이곳이 영축산에 있는 산사임을 알려 주고 있다. 또한 일주문의 두 기둥에 걸려 있는 〈국지대찰 불지종가(國之大刹 佛之宗家)〉란 주련은 '나라 안의 큰 절이자 절 중의 종갓집'이라는 뜻으로 통도사가 불보사찰임을 명시하고 있다.

〈영축산통도사〉 현판 글씨는 구한말 권력의 정점에 있었던 흥선대원군, 즉 석파 이하응이 썼다. 인도에서 영축산은 석가모니 부처님이 『법화경』을 설법했던 곳으로, 독수리 형상이기에 붙여진 이름이다. 통도사를 품고 있는 영축산은 풍수지리상으로 독수리의 날개 속에 보호되는 터로 보이는 포아형(胞兒形)이라고 한다. 풍수지리설과 석가모니

통도사 일주문

부처님이란 의미가 중첩되면서 자연스럽게 '영축산통도사'란 이름을 얻게 된 것이다.

홍선대원군으로 권력을 휘두르기 전 석파 이하응은 추사 김정희에게 그림과 글씨를 배웠다. 그가 그린 난초 그림은 빼어난 작품으로 평가받고 있다. 해서체로 쓴 〈영축산통도사〉 현판 글씨는 묵직하나 무겁지 않고 호쾌하다. 새들의 우두머리인 독수리가 비상하는 듯한 느낌을 준다. 불지종가인 통도사를 들어서며 맨 처음 만나는 일주문에 그의 글씨가 걸려 있다는 것이 그의 권력과도 겹쳐 읽혀진다.

〈국지대찰 불지종가〉 현판은 해강 김규진의 글씨다. 묵직하며 호쾌한 〈영축산통도사〉 현판 글씨와는 다르게 행서체로 유려하게 썼다. 종갓집을 떠받치고 있는 무게감을 덜어 내려는 듯 경쾌하다. 묵직하기만 하면 접근하기가 어렵고 경쾌하기만 하면 경박하다. 해강의 글씨는 〈영축산통도사〉란 무게를 떠받쳐 주면서도 무겁지 않게 만들어 주고 있다. 현판 글씨와 주련 글씨가 묘한 조화를 이루고 있다.

일주문 앞에는 두 개의 돌기둥이 세워져 있다. 4각의 돌기둥에는 "삭발하고 가사를 입었으니 항시 청규를 지켜야 하고[방포원정 상요청규(方袍圓頂 常要淸規)], 서로 다른 성을 가진 사람이 같이 살고 있으니 화목함이 필수[이성동거 필수화목(異姓同居 必須和睦)]."라는 주련이 새겨져 있다. 이 글씨는 1915년 구하스님이 썼다.

불도를 이루고자 머리를 깎은 스님들이 모여 있는 곳이기에 당연히 규율이 있을 수밖에 없다. 그런데 그 규율은 청정한 마음을 닦는 것이기에 청규라고 한다. 수행자들은 알음알이를 버리고 들어가는 일주문 앞에서 화목하고 청규를 지키겠다는 다짐을 해야 한다. 비구에게 250가지, 비구니에게는 348가지의 지켜야 할 계가 있으니 이런 마음가짐 없이 어떻게 산문을 들어갈 수 있겠는가.

지나치기 쉬운 곳 | 육화당

절에 가면 누구나 일주문을 들어선 후 곧장 대웅전 등 주 불전으로 향한다. 불자들은 불공을 드리러 가기 위해, 일반 대중은 절집의 중심 건물을 보고 힐링하기 위해서일 것이다. 그래서 통도사에 가도 일주문을 지나 금강계단이 있는 대웅전으로 곧바로 가게 된다. 그런데 통도사 일주문을 지나면 오른쪽에 익숙하지 않은 육화당(六和堂)이란 전각이 있다.

불교에서 육화는 육화경이라고도 하는데 여섯 가지 화합의 방법 또는 상대와 마음이 합해지도록 공경하는 여섯 가지 조건을 말한다. 몸·입·뜻·계·사상·이익의 여섯 가지로 짓는 화합법이요 공경법이다. 몸으로 짓는 행위로 서로 화목하고 위로하며 공경하라는 것이다. 이어서 말로써, 계율로써, 뜻으로, 사상으로, 이익에 대해 서로 화합하며 공경하라는 것이다. 한마디로 육화는 괴로움에서 벗어나 행복한 삶을 사는 방법에 관한 것이다.

봄철 통도사 일주문을 들어서면 육화당 매화 향기가 방문객의 발길을 그곳으로 이끌 것이다. 그런데 어찌하랴. 매화 향기가 아무리 고혹적이라 해도 한때 피었다 지는 것을. 때를 못 맞추어 가면 매화 향기는 어디로 갔는지 알 수가 없다. 당연히 육화당 쪽으로 발길은 향하지 않게 된다. 그런데 육화당에 들어가면 직접적인 향기는 아닐지라도 사군자의 향기를 맡을 수는 있다. 그곳에 해강 김규진과 죽농 안순환이 함께 쓰고 그린 〈통도사〉 현판이 걸려 있기 때문이다.

〈통도사〉 현판은 해강 김규진이 유려한 행서체로 '통도사'를 쓰고 그 좌우에 죽농 안순환이 대나무와 난초 그림을 그렸다. 글씨 왼쪽에는 해강의 낙관이 찍혀 있고, 그림에는 안순환의 낙관이 선명하게 새겨져 있어 두 사람의 합작품임을 알 수 있다. 대부분의 현판이 한 사람의 글씨로 구성되어 있고, 그림은 거의 새겨져 있지 않은 데 비해 이 현판은 두 사람이 쓰고 그린 특이한 현판이다.

〈통도사〉 현판
육화당 안에 걸려 있다.

내 생애 한 번쯤 절 여행을 떠난다면

〈통도사〉는 두 예술가의 마음이 서로 화합하지 않으면 만들어질 수 없는 현판이다. 또한 절집에 연꽃이 아니라 유학자의 전유물처럼 여겨졌던 사군자 그림이 현판으로 새겨져 있다는 것도 화합의 또 다른 상징인지도 모른다. 봄철 매화가 필 때 통도사에 가면 육화당에 들러 볼 일이다. 매화 향과 함께 뛰어난 두 예술가의 협업 작품 속에서 사군자 향기도 맡는 행운을 누릴 수 있다. 그러다 보면 사람 간의 화합에서 나오는 향기도 맡을 수 있을 것이다.

통도사의 자긍심 | 적멸보궁

통도사가 '불지종가'라는 타이틀을 얻게 된 연유는 무엇일까. 사찰에서 불보살을 모신 곳을 법당이라고 한다. 어떤 부처님을 봉안했느냐에 따라 법당의 이름을 달리 부른다. 석가모니불을 모신 법당을 대웅전, 비로자나불을 모신 곳을 대적광전으로 부르는 식이다. 그런데 부처님을 봉안하지 않은 법당이 있다. 그곳을 적멸보궁(寂滅寶宮)이라고 한다.

적멸보궁에는 불상 대신에 석가모니 부처님의 진신사리를 봉안했다. 진신사리가 바로 부처님이기 때문이다. 그런데 진신사리는 법당 안 부처님이 앉아 있어야 할 불단이 아니라 대웅전 뒤쪽에 탑 등을 세우고 그 안에 모셔 놓았다. 그래서 대웅전 안에는 불상이 없고 불상이 앉아 있어야 할 불단만 있다.

그래서 적멸보궁은 석가모니 부처님을 모실 불단만 있는 대웅전과 석가모니 부처님의 진신사리를 봉안한 탑을 통틀어 부르는 이름이다. 이렇게 적멸보궁은 석가모니 부처님의 진신사리를 모신 곳이기에 적멸보궁이라는 현판을 달아 놓거나, 석가모니 부처님을 모시는 불단이 있는 법당이기에 대웅전이라는 현판을 걸어 놓는다.

적멸보궁은 석가모니 부처님의 열반 후에 나온 진신사리를 모신 곳이기에 열반을 의역한 '적멸(寂滅)'이란 이름을 붙였다. 그리고 부처님의 진신사리를 모신 법당이기에 '전(殿)'보다 격을 높여 '궁(宮)'이라고 하고 보배로운 곳이라는 뜻을 더해 '보궁'으로 불렀다.

통도사 금강계단
가운데에 부처님의 진신사리를 모신 종 모양의 탑이 있다.

내 생애 한 번쯤 절 여행을 떠난다면

그런데 적멸을 뜻하는 열반은 죽음이라는 소극적인 의미로만 사용하지 않는다. 열반은 인도 산스크리트어 니르바나(nirvanna)를 한자로 음역한 것으로 불을 '불어서 끄다, 불이 꺼진 상태'를 의미한다. 즉 타오르고 있는 번뇌의 불꽃이나 갈애(渴愛)의 불꽃이 완전히 꺼져 고요한 상태다. 중생이 살면서 겪게 되는 삼독, 즉 탐욕과 성냄 그리고 무명의 불꽃이 완전히 꺼진 상태다. 그러니까 적멸보궁은 번뇌의 찌꺼기가 전혀 남아 있지 않은 완전한 열반을 이룬 석가모니 부처님을 모신 곳이다.

통도사 적멸보궁은 불단만 있는 대웅전과 그 뒤쪽에 진신사리를 모신 금강계단으로 구성되어 있다. 금강계단의 '금강'은 『금강경』의 '금강'처럼 세상 그 무엇도 자를 수 있는 힘을 가진 뜻으로 읽힌다. '계단'은 불교에서 비구들에게 계를 수여하는 의식을 행했던 곳을 말하는데, 그곳에 단을 쌓은 데서 유래되었다. 결국 금강계단은 금강과도 같은 계를 지켜 확고한 반야 지혜에 이르도록 하는 곳이 아닐까. 출가한 비구들이 금강계단에서 부처님에게 계를 받고 수행하여 아라한이 되었듯이 지금 통도사 금강계단은 부처님이 출가한 스님들에게 계를 주고 깨달음에 이르게 하는 상징적인 곳이다.

적멸보궁은 동쪽에 〈대웅전〉, 서쪽에 〈대방광전〉, 남쪽에 〈금강계단〉, 북쪽에 〈적멸보궁〉이라는 현판을 걸어 놓았다. 〈적멸보궁〉 현판 글씨는 구하스님이 썼고, 나머지 세 개의 현판 글씨는 석파 이하응이 썼다. 통도사의 첫 번째 문의 현판을 쓴 이하응은 통도사의 상징과도 같은 적멸보궁 불전의 세 면에 걸려 있는 현판의 글씨를 썼다. '국지대찰 불지종가'인 통도사는 당시 최고의 권력자의 글씨를 가장 중요한 전각에 걸어 놓음으로써 권위를 얻게 된 것은 아닐까. 하지만 금강계단쪽에는 구하스님이 쓴 〈적멸보궁〉 현판을 걸어 놓음으로써 치우칠 뻔했던 균형을 맞춘 듯이 보인다.

통도사 대웅전

〈적멸보궁〉 현판이 걸려 있는 북쪽 면의 기둥에는 해강 김규진이 쓴주련이 있다. 그리고 〈대웅전〉 현판이 걸려 있는 동쪽 면의 기둥에는구하스님이 쓴 주련이 걸려 있다.

　　　　　　　　　　　　　내 생애 한 번쯤 절 여행을 떠난다면

달이 은하수에 갈리고 닦여 둥근 모습 이루니

맑은 얼굴에서 빛을 놓아 대천세계를 비추네

원숭이들이 팔을 이어 부질없이 못 속의 달을 건지려 하나

달은 본래 청천에서 떨어지질 않았으니

묵묵히 깨달음의 대도심에 꼭 들어맞네

月磨銀漢轉成圓 素面舒光照大千 連譬山山空捉影

孤輪本不落靑天 默契菩提大道心

(월마은한전성원 소면서광조대천 연비산산공착영

고륜본불락청천 묵계보리대도심)

이 주련의 내용은 중국 송나라 시인 소동파의 누이 동생인 소소매가
쓴 「만월」이란 시라고 한다. 시는 칠언절구로 앞의 네 구로만 이루어졌
는데, 주련에는 마지막 구절이 추가되었다. 앞 네 구절 같은 행위를 하
니 마지막 구절처럼 되었다는 뜻이다. 현장스님이 번역한 『반야심경』
중 산스크리트어 원본에는 없는 "온갖 고통에서 건너느니라[도일체고
액(度一切苦厄)]" 부분이 추가되어 있는 것과 같은 형식일 듯도 하다.

이 시는 초기불교 시대의 우화로, 오백 마리 원숭이들이 부처님께 공
양을 올리려고 서로 팔을 붙잡고 우물에 비친 달을 건지려 하였다는 것
이다. 그런데 물에 비친 달이 건져질 리 없잖은가. 달을 건지려던 원숭
이들은 결국 물에 빠져 죽었다. 그러나 부처님께 공양을 올리려던 공

덕으로 긴 세월이 흐른 뒤 사람으로 태어나 부처님의 제자가 되어 오백 아라한이 되었다는 것이다.

부처님도 전생의 수많은 보시를 통해 현생에서 깨달음과 열반을 이루었다. 『금강경』에서 무주상보시를 거듭 강조하는 것도 보시의 공덕이 깨달음과 깊이 관련되어 있다는 것이리라. 통도사 대웅전 주련은 집착 없는 보시의 공덕을 쌓을 것을 이곳을 찾는 사람들에게 묵언으로 말하고 있다. 보시와 더불어 계를 지키며 살 것을 금강계단은 말해 주고 있다. 통도사 적멸보궁은 그렇게 해서 수행자가 열반에 이르게 하는 길을 보여 주는 곳이다.

김정희와 권돈인 ㅣ 〈성담상게〉와 〈해장보각〉

통도사에 간 지 두 달 만에 도반들과 함께 다시 가 보았다. 두 달 전에 보지 못했던 추사 김정희가 쓴 〈성담상게〉를 보기 위해서였다. 성보박물관에서는 마침 자장율사를 비롯한 고승들의 진영(초상화)을 특별 전시하였다. 그중 눈길을 끄는 것이 자장율사가 직접 입었던 가사와 그의 진영, 그리고 성담 의전스님 진영이었다. 성담 의전스님 진영에는 그와 깊은 교분을 가졌던 이재 권돈인이 쓴 영찬이 적혀 있다. 또한 이재 권돈인의 소개로 만나 교분을 맺은 추사 김정희가 성담 의전스님의 진영을 보고 쓴 〈성담상게(聖覃像偈)〉 영찬이 현판으로 남아 있다.

성담 의전스님은 통도사에서 이름을 떨친 강백이다. 그는 어려서부터 불경뿐만 아니라 유교와 도교의 경전을 두루 공부하였다. 출가 후 불교 교학과 참선에 해박한 유명한 강백이 되었는데 요즈음으로 치면 대학의 명교수쯤 되겠다. 성담 의전스님 진영에는 『유마경』, 『범망경』 등이 그려져 있고 불전을 읽는 스님의 모습을 표현했는데 이는 교와 선에 통달한 스님의 모습을 강조한 것으로 보인다. 그의 명성은 사찰 담 너머까지 이름이 알려져 당시 이재 권돈인과 추사 김정희와도 깊은 교분이 있었다.

통도사 〈성담상계〉

추사 김정희가 〈성담상계〉를 쓸 때는 죽기 1년 전인 70세 때(1855)로 추사체가 원숙한 경지에 오른 때였다.

"얼굴은 둥근 달 같고 정수리엔 꽃무늬가 어렸네. 아, 성사의 완연한 모습이 여기 있구나. 늙어 스산한 자의 슬픔을 달랠 만하니 바로 대자비의 형상이시어라. 문자와 반야가 함께 빛을 발하도다. 완당노인이 칠십 세에 쓰다."

'문자'와 '반야'란 교(敎)와 선(禪)을 가리키는 말로 성담 의전스님이 교학과 참선에 능통했음을 말한 것이다. 나아가 스님의 대자대비한 모습을 떠올리니 70세 노유학자의 슬픔도 달래 준다며 그에게 찬사를 보내고 있다.

성담 의전스님과 각별한 사이였던 이재 권돈인도 성담 의전스님이 1854년 입적하자 다음 해 그의 진영에 영찬을 썼다. 권돈인이 쓴 영찬은 기문(記文)과 헌시(獻詩)로 이루어져 있다. 스님과의 인연을 적은 기문에서 권돈인은 "(나는) 성담 의전스님과 함께 지냈던 사이였고, 불경과 시에 두루 조예가 깊어 벗으로 지냈으며, 나의 유배지(이재 권돈인은 1851년 순흥으로 유배되었다.)에 와서 며칠을 지내고 가며 내년 봄에 다시 만나기로 했는데 그사이에 입적하였고, 학인들이 그의 영정을 그려 가지고 와서 글을 써 줄 것을 요청하여 그를 위해 게송을 짓는다."라고 썼다.

이어서 그는 "스님의 진영은 참모습이 아니다. 삼십 이상이 모두 공한 모습이다. 그렇다고 공이 곧 진실인 것은 아니다. 스님은 어찌 경전을 강설하지 않는가. 단을의 변방과 광릉의 입구에서와 같이 눈썹을 올리고 숨을 토해 내며 양 팔꿈치를 걷고서는 한량없는 방편을 말하고 나에게 위없는 바른 깨달음을 보였는데 이 모습은 모습이 아니요 진영은 진영이 아니다. 이는 스님의 평등실상의 증명이다. 계단이 광명을 발하고 영축산이 우는 것은 스님이 무여열반한 때이다. 연못은 공하고 물이 잔잔해 항상 고요하니 스님은 이렇게 또 삼매에서 나오네."라고 헌시를 썼다.

영찬은 진영의 주인공에 대한 생애에 대해 간략하게 예찬하는 글이다. 이재 권돈인은 판서, 감사, 그리고 영의정의 최고 지위에 오른 사대부였기에 그가 지은 영찬은 성담 의전 스님의 가치를 높여 주었다. 여기에 당대 최고의 서예가였던 추사 김정희도 영찬을 써서 그를 기렸다. 추사 김정희와 이재 권돈인은 평생의 벗이었고 그들과 교분을 맺은 성담 의전스님은 사후에도 그들의 예찬을 글로 받아 후세에 진영과 함께 이름을 남겼다.

이재 권돈인이 통도사에 남긴 글씨가 또 있다. 개산조당 뒤에 있는 해장보각 현판과 주련이다. 해장보각은『고려대장경』,『화엄경』등을 보관한 통도사 불경 도서관이자 통도사를 창건한 자장율사의 영정을 모신 전각이다. 해장보각이란 전각 이름은 불경의 보관처를 용궁에 두기도 하고 대장경 속 불교의 진리 내용이 바닷속의 보배에 비유된다는 뜻에서 붙여진 이름이라고 한다. 권돈인은 〈해장보각〉 현판을 1851년 국화가 만발한 가을에 썼다. 추사처럼 글씨로 이름이 알려지지 않았지만 권돈인은 예서를 특히 잘 썼다. 〈해장보각〉 현판은 권돈인 만년의 원숙한 글씨로 보인다.

해장보각 주련은 이곳이 자장율사가 400여 상자에 삼장을 싣고 돌아와 통도사에 보관했다는 『삼국유사』의 내용을 쓴 것 같다. 부처님의 팔만사천법문도 달을 가리키는 손가락이니 손가락을 보지 말고 달을 보고, 열반과 깨달음의 저 언덕으로 도달하기 위해 강을 건너는 뗏목이니 강을 건넜으면 불법도 버려야 한다는 가르침이다. 불법도 이러할진대 불법이 아닌 바에야 더 말해 무엇 하겠는가.

보배로운 말씀을 모아 옥함에 보관했으며
서역에서 모아 동토에서 번역했네
귀신이 보호하고 천룡이 흠모하니
달을 가리키는 손가락이요 고해를 건너는 뗏목이네

寶藏聚玉函軸 集西域譯東土
鬼神護龍天欽 標月指渡海筏
(보장취옥함축 집서역역동토
귀신호룡천흠 표월지도해벌)

이재 권돈인은 통도사에 글씨만 남긴 것이 아니라 통도사의 어려움을 해결해 준 은인이었다. 숭유억불 정책을 폈던 조선 시대 사찰은 불경을 인쇄할 목적으로 종이를 자체적으로 만들었다. 그런데 임진왜란

　　　　　　　　　　　　　내 생애 한 번쯤 절 여행을 떠난다면

이후 승려에게 과도한 종이 부역을 부과하자 경제적 어려움에 종이 부역까지 겹쳐 폐사되는 사찰도 생겼다. 천년 고찰 통도사도 종이 부역으로 어려움을 겪게 되었다. 이런 상황에서 통도사 덕암당 혜경스님이 고향 친구로 알려진 한성판윤(병조판서 때라고도 한다.) 이재 권돈인을 만나 종이 부역을 면제해 줄 것을 요청하였다.

통도사 해장보각

이 요청을 들은 이재 권돈인이 경상감사가 되어(1838~1839) 통도사를 방문한 뒤 종이 부역을 비롯한 각종 잡역을 일부만 남겨 두고 혁파해 주었다. 지금 성보박물관에는 이러한 사실을 기록한 『양산군통도사 지역혁파급각양잡역존감절목』이 있다. 이 절목에는 종이, 관모, 쌀, 메주 등에 대한 부역을 면제해 준다는 내용이 기록되어 있다. 통도사 입장에서는 이재 권돈인이 얼마나 고마웠던지 권돈인에 대한 영세불망비인 〈도순상국권공돈인영세불망비〉를 세워 놓았다. 이 불망비는 지금 통도사 부도전에 있다. 이재 권돈인에게 통도사 부역을 면제해 달라는 요청을 한 덕암당 혜경스님의 공적을 새긴 〈덕암당혜경지역혁파유공비〉도 부도전에 있다. 그리고 권돈인과 교분을 맺었던 성담 의전스님도 〈덕암대사잡역혁파유공기〉 현판을 썼다.

스님이었던 덕암당 혜경과 성담 의전, 그리고 양반 유학자였던 추사 김정희와 이재 권돈인은 통도사란 천년 고찰에서 신분과 사상을 뛰어넘어 교류하였다. 성담 의전스님의 진영을 보고 영찬을 쓴 추사 김정희, 그리고 그 진영에 영찬을 쓰고 〈해장보각〉 현판 글씨를 남긴 이재 권돈인은 유학의 골수를 익힌 자들이 갖는 넓은 품을 가졌다. 숭유억불 정책을 폈던 조선 시대, 승려들이 사대문 안으로 들어가는 것이 자유롭지 못했던 시절이라 그들의 교류는 더욱 향기롭게 느껴진다.

이 돌기둥은 뭐지? | 37조도품탑

'불지종가 국지대찰' 통도사는 말 그대로 불보사찰이자 규모면에서도 대사찰이다. 불보사찰이니 당연히 중심 전각은 금강계단과 금강계

내 생애 한 번쯤 절 여행을 떠난다면

단을 향해 예불과 기도를 드리는 대웅전이다. 규모가 크다 보니 전각들이 많아 자세히 보기가 쉽지 않다. 다행히 전각 앞에 안내판이 있어 대강의 내용을 알 수 있다. 그런데 크기도 작고 안내판도 없는 전각들이 있다. 금강계단을 보호하기 위해 쌓은 담장 옆에 있는 세존비각, 개산조당과 해장보각도 그중 하나다.

세존비각은 불교를 창시한 석가모니 부처님의 정골사리를 이곳에 모셨다는 것을 기록한 비를 보호하는 전각이다. 개산조당은 통도사를 창건한 자장율사를 모시는 해장보각으로 들어가는 문이다. 세존비각은 통도사가 석가모니 부처님의 정골사리를 모신 불보사찰이란 것을 알려 주는 곳이고, 개산조당과 해장보각은 통도사를 불보사찰로 만든 창건주가 누구인지를 알려 주는 곳이다. 어찌 보면 이 전각들은 통도사의 정체성을 알려 주는 전각인 셈이다. 그런데 안내판이 없는 것이 못내 아쉽다.

그런데 개산조당 앞에 있는 두 개의 석조물에도 역시 안내판이 없다. 그래서 무슨 석조물인지, 개산조당과 무슨 관계가 있는지도 알 수가 없다. 다행히 왼쪽에 있는 석조물은 석등의 형태를 갖추고 있어 석등이라고 볼 수 있다. 그런데 오른쪽 석조물은 외형으로 봐서는 금방 알아챌 수가 없다. 가까이 가서 보니 석조물 둘레에 많은 글자를 새겨 놓았다. 자세히 보니 익숙한 용어들이 새겨져 있다. 정견, 정사유, 사여의, 오근, 오력 등의 단어들이었다. 그것들을 읽다 보니 37조도품을 새겨 놓은 것으로 추정해 볼 수 있다.

37조도품(助道品)은 초기불교의 수행법을 일관된 체계로 집약해 놓은 것으로 깨달음[道]에 이르게 도와주는[助] 37가지 종류나 요소[品]의 수행법을 말한다. 즉 깨달음을 성취하도록 하는 수행 항목을 구체적으로 제시한 것이다. '보리'가 깨달음을 뜻하기 때문에 37조도품은 37보리분법(菩提分法)이라고도 한다. 4념처(念處), 4정근(正勤), 4여의족(如意足), 5근(根), 5력(力), 7각지(覺支), 8정도(正道)까지 7종류 37가지 수행법이 그것이다.

통도사 세존비각(왼쪽)과 개산조당(오른쪽)

세존비각 왼쪽에 대웅전, 개산조당 뒤에 해장보각, 세존비각 뒤에 금강계단이 있다. 자장율사가 중국에서 부처님 정골사리와 불경을 가져와 통도사에 봉안한 것을 나타내는 전각들이다. 통도사가 불보사찰이 되는 근거가 되는 전각들이다. 개산조당 앞의 오른쪽에 있는 석조물이 37조도품탑이다.

4념처는 몸과 느낌, 마음, 법을 통찰하여 무상, 고, 무아를 깨닫는 네

내 생애 한 번쯤 절 여행을 떠난다면

가지 수행법이다. 4정근은 선법을 증대하고 악법을 멀리하는 네 가지 바른 노력이다. 4여의족은 선정에 드는 네 가지 성취 방법이다. 5근은 도의 뿌리를 깊이 내려 번뇌를 없애는 다섯 가지 기능이다. 5력은 일체의 장애를 정화하는 다섯 가지 힘이다. 7각지는 깨달음의 지혜를 증득하는 일곱 가지 인자(구성 요소)를 말한다. 8정도는 여덟 가지 바른 실천 방법을 말한다. 37조도품 중에서 핵심은 4념처와 8정도다.

4념처는 지수화풍 사대로 이루어진 몸의 호흡과 동작을 관찰하는 신념처(身念處), 대상에 따라 괴롭거나 즐겁거나 괴롭지도 즐겁지도 않은 느낌이 일어나고 사라지는 것을 관찰하는 수념처(受念處), 일어나고 사라지는 마음의 무상함을 관찰하는 심념처(心念處), 현상에 대해 관찰하는 법념처(法念處)를 말한다. 4념처는 부처님이 특히 강조하던 마음 챙김 또는 마음 알아차림 수행법인 위빠사나[관(觀)] 수행법이다.

이 4념처 수행은 서구의 심리학과 의학에서 마음 챙김 명상법으로 체계화하여 스트레스 완화와 우울증 치유에 활용하고 있다. 마음 챙김 명상법으로는 마음 챙김에 근거한 스트레스 완화(MBSR), 변증법적 행동치료(DBT), 마음 챙김에 근거한 인지치료(MBCT), 수용전념치료(ACT) 등이 있다.

8정도는 사성제 중 도성제의 실천 방법으로 여덟 가지 바른 길이다. 바른 견해[정견(正見)], 바른 생각[정사유(正思惟)], 바른 말[정어(正語)], 바른 행위[정업(正業)], 바른 생활 수단[정명(正命)], 바른 노력[정정진(正精進)], 바른 마음 챙김[정념(正念)], 바른 집중[정정(正定)]이다.

정견은 4성제를 명확히 이해하는 것이다. 정사유는 악하거나 나쁜 생각을 않는 것이다. 정어는 거짓말, 이간질하는 말, 꾸며 대는 말이나 악담을 하지 않는 것이다. 정업은 살생, 도둑질, 사음을 않는 것이다. 정명은 바른 생계를 유지하는 것이다. 정정진은 부지런히 노력하는 것이다. 정념은 바른 기억, 바른 마음 챙김, 바른 알아차림이다. 정정은 감각적 쾌락에서 벗어나 집중된 고요한 상태로 사마타[지(止)]를 말한다.

37조도품은 탐진치 삼독에 갇혀 있는 중생들을 깨달음의 수행법으로 열반에 이르는 길이다. "사람으로 태어나기도 어렵지만 사람으로 태어나더라도 부처님의 가르침을 만나기도 어렵다[인신난득 불법난봉(人身難得 佛法難逢)]."고 한다. "백천만겁이라는 무한에 가까운 세월 동안 산다고 해도 부처님의 가르침을 들을 수 있는 인연을 만나기가 어렵다[백천만겁난조우(百千萬劫難遭遇)]."는 것이다.

문제는 백천만겁난조우한 불법의 인연도 수행하여 실천하지 않으면 헛된 가르침이 된다는 것이다. 불교의 신행은 믿음[신(信)]을 갖고 믿음에 대해 올바로 이해[해(解)]하고 이해한 것을 바탕으로 실천[행(行)]하고 실천의 풍부한 체험을 통해서 깨닫는[증(證)] 것이다. 37조도품은 신해행증(信解行證)하는 불교 수행법이다. 『팔만대장경』을 읽더라도 실천 수행하지 않으면 깨달음과 해탈, 열반에 이르지 못한다는 말과도 같다.

1400여 년 전 자장율사가 부처님 정골사리와 불경을 가져와 통도사를 창건한 이유도 중생들이 깨달음에 이르도록 하기 위한 것이다. 누가 언제 개산조당 앞에 37조도품탑을 세워 놓았는지는 모르지만, 아마도 자장율사의 뜻이 헛되지 않도록 세운 것은 아닐까 싶다.

경봉스님으로 기억되는 곳 ┃ 통도사 극락암

오래전 통도사와 산내 암자 극락암에 갔을 때는 적멸보궁의 신비함과 경봉스님의 이름에 이끌려 갔다. 그로부터 20여 년이 지나 그곳을 다시 찾았다. 통도사 극락암은 통도사를 지나 영축산으로 더 들어가야 한다. 여전히 극락암은 경봉스님의 발자취가 짙게 남아 있었다.

경봉스님은 15세에 통도사로 출가한 뒤 해인사, 직지사 등에서 수행했다. 다시 통도사에 돌아와 36세에 화엄산림 법회를 하던 중 깨달음을 얻었다. 38세 때 새벽 촛불이 흔들리던 것에 확철대오하였다. 62세 때인 1953년 극락암 호국선원 조실로 추대된 후 1982년 입적할 때까지 무려 삼십여 년을 극락암 삼소굴에 머물렀다. 이 기간 동안 선문답과 설법으로 스님과 일반 대중에게 불법을 깨우치고 선풍을 크게 일으켰다. 1982년 "야반삼경에 대문 빗장을 만져 보라."는 임종게를 남기고 입적했다.

삼소굴은 '호계삼소' 일화에서 따왔다고 한다. 중국 위진남북조 시대 동진의 혜원스님은 출가하기 전에 유학과 도교에 심취했었다. 출가 후 동림사에서 수행하며 다시는 속세에 나가지 않겠다는 다짐을 하며 손님을 보낼 때에도 동림사 아래 시내인 호계까지만 가서 작별 인사를 했다고 한다. 그런데 어느 날 시인인 도연명, 도사인 육수정과 함께 차를 마시며 이야기를 나눈 후 배웅하러 갔다가 그만 호계에 놓인 다리를 건너고 말았다. 이 사실을 알고 셋이 함께 웃었다는 것이다.

후세 사람들이 이 일화를 '호계삼소'라 불렀다고 한다. 혜원스님은 왜 호계다리를 넘어갔을까. 출가하기 전 유학과 도교에 밝았던 혜원스님이 유학자 도연명과 도교에 밝은 육수정과 함께 차를 마시며 이야기꽃을 피웠을 것이다. 요즈음 말로 소통이 되고 말이 통했을 것이다. 헤어지면서까지 고담준론을 나누다 보니 호계다리를 건너가는지도 몰랐을 것이다. 이 일화는 역사적 사실과 부합하지 않는다는 의견도 있는데, 후세인들은 이를 소재로 시를 쓰고 그림을 그렸다.

경봉스님도 조실로 추대된 이후 극락암을 벗어나지 않겠다는 다짐을 하고 그의 처소 이름을 삼소굴로 지었을까. 입적할 때까지 극락암 삼소굴에서 머물렀으니 이름과 부합되는 것 같다. 〈삼소굴〉 현판은 석재 서병오가 썼다. '소' 자는 웃는 모습을 형상화해 쓴 것처럼 보인다. 〈삼소굴〉 현판 글씨에서는 추사 글씨의 골격이 보이기까지 한다. 〈삼소굴〉 현판 옆에는 〈방장〉 현판이 푸른빛을 띠고 있어 예사롭지 않은 기운을 느끼게 해 준다.

시에도 뛰어났던 서병오는 경봉스님과 함께 호계삼소의 한 사람이 아니었을까 싶다. 또 한 사람은 삼소굴 기둥에 걸린 주련을 쓴 회산 박기돈이었을까. 다음의 주련 내용이 경봉스님의 오도송이기에 들었던 생각이다.

통도사 극락암 삼소굴

내가 나를 온갖 것에서 찾았는데

눈앞에 바로 주인공이 나타났네

허허 이제 만나게 되어 의혹 없으니

우담바라 꽃 빛이 온누리에 흐르네

我是訪吾物物頭 目前卽見主人樓

呵呵逢着無疑惑 優鉢花光法界流

(아시방오물물두 목전즉견주인루

가가달착무의감 우발화광법계류)

서병오는 대구 출신의 서화가로 행서를 잘 썼고 사군자를 잘 그렸다. 풍류를 좋아하고 시 문장 글씨 그림 가야금 의학 바둑 장기 등에 두루 통달하여 팔능거사로 불렸다. 흥선대원군이 실권하여 운현궁에 머물 때 17세의 서병오가 불려가 바둑을 두었는데 내리 세 판을 이겼다고 한다. 흥선대원군은 서병오에게 자기의 호 '석파'와 비슷한 '석재'라는 호를 지어 주었다.

서병오는 〈삼소굴〉 외에 그 옆에 있는 원광재의 현판 〈원광재〉를 썼다. 원광은 경봉스님의 법호이다. 원광재에는 추사 김정희가 쓴 〈호쾌대활〉 현판과 경봉스님이 쓴 〈무진장〉 현판이 걸려 있다. 그런데 내가 찾아갔을 때 원광재의 보수 공사로 현판을 모두 떼어 놓았기에 볼 수는 없었다. 〈호쾌대활〉은 새로 지은 전각인 보림에 모각되어 걸려 있어 실물을 보지 못하는 아쉬움을 달래 주었다.

석재 서병오는 극락영지에서 바라본 누각인 영월루의 현판 〈영월루〉도 썼다. 영월루 앞 연못인 극락영지에는 달밤에 영축산 봉우리가 비친다고 한다. 그래서 전각 이름을 '달그림자가 비치는 누각'이란 의미를 갖는 영월루라 짓고 〈영월루〉 현판을 쓴 것이 아닐까 싶다. 〈영월루〉 옆에는 청남 오제봉이 쓴 〈정법안장〉 현판이 있다. 정법안장은 염화미소와 같이 부처님이 가섭존자에게 법을 전수하였을 때의 구절이다. 영월루 주련은 경봉스님의 선시와 글씨다.

영월루는 극락암 법당에서 바라보면 설법전이다. 〈설법전〉 현판은 경봉스님이 썼다.

통도사 극락암 영월루

한 건물 앞뒤에 석재 서병오와 경봉스님이 현판 글씨를 남긴 것이다. 영월루 또는 설법전은 법회나 대중의 집회 장소로 사용되어 불교의 가르침을 받드는 장소이자 자연과 더불어 풍류를 즐기는 여유로움과 자유의 공간이다. 영월루 앞에 극락영지가 있어 이름과 풍경이 어울리는 이름들이다.

　설법전 뒤에는 극락암 주불전인 무량수각이 있다. 무량수각은 서방 극락정토를 관장하고 있는 아미타불을 모신 곳이다. 무량수란 '헤아릴 수 없이 오랜 수명'인 극락을 의미한다. 무량수각 중앙에 걸려 있는 〈극락암〉 현판은 청남 오제봉, 그 뒤에 있는 〈무량수각〉은 추사 김정희가

썼다. 극락암 주련은 금강산 마하연 선원에 있었던 시로 경봉스님의
사형인 천보스님의 글씨이다.

극락암 뒤편에는 극락선원이 있다. 극락선원에 걸려 있는 〈호국선원〉
은 경봉스님의 글씨이고, 〈삽삼전〉은 월하스님의 글씨이다. 극락선원
아래에는 1975년 건립한 정수보각이 있다. 〈정수보각〉 현판은 경봉스
님이 썼다. 정수보각 주련은 경봉스님 글씨로 스님의 게송이다. 정수보
각으로 들어가는 작은 문이 있다. 그 문에는 경봉스님이 쓴 〈여여문〉이
란 현판이 걸려 있다. '여여'는『금강경』의 '여여부동'에서 따왔다고 한다.
'세상의 모든 존재는 한결같이 여여하여 변함이 없다.'는 뜻이다.

극락암에는 경봉스님의 선풍이 여전히 남아 있다.

통도사 극락암 여여문

내 생애 한 번쯤 절 여행을 떠난다면

'호계삼소'의 삼소굴은 그의 상징처럼 보였다. 석재 서병오가 쓴 〈삼소굴〉 현판은 고승과 명필의 만남을 은유했다. 그곳에서 그들은 경계를 넘어 교유했을 것이다. 추사 김정희와 초의스님처럼 말이다. 경봉스님은 '나라 안의 큰 절' 통도사 경내 전각이 아니라 영축산이 품은 작은 암자에서 설법을 했다. 하지만 그의 가르침을 듣기 위해 각지에서 스님과 일반 대중들이 이곳을 찾았다.

이곳을 찾는 사람들은 극락에 가고 싶은 막연하지만 간절한 바람을 가지고 갔을 것이다. 누군가는 불교의 가르침을 듣기 위해서, 또 누군가는 절집에서 풍기는 향기를 맡기 위해서 그곳에 갈 것이다. 극락영지의 벚꽃, 영월루의 바람과 달빛, 삼소굴 감나무, 단하각 대숲과 솔숲이 계절이 바뀔 때마다 아름다운 풍광을 선사하니 그렇지 않겠는가.

경봉스님의 선풍이 짙게 배어 있는 극락암은 통도사를 떠받치는 기둥일지도 모른다. 불교는 교리를 넘어 체험의 종교이기 때문이다. 그래서 이곳 극락선원에 불법을 체험하고 깨달음을 구하려는 선승들이 찾아왔다. 통도사에 갈 때에 영축산 자락 극락암에 들러 삼소굴을 보아도 좋겠다. 그곳에서 호계삼소의 일화를 떠올리며 불퇴전의 각오 하나쯤 품어 보는 것은 어떨까.

명필들의 묵향이 가득하네 | 통도사 사명암

금강계단에 진신사리가 봉안된 적멸보궁이 있는 통도사, 경봉스님의 선풍이 짙게 배어 있는 산내 암자 극락암에 갈 때까지 또 다른 산내암자 사명암의 존재는 내게 없었다. 달필, 명필들이 쓴 글씨가 많이 있다는 말을 듣고 그곳에 들렀기에 그럴 수밖에 없었다. 영축산 기슭을 돌고 돌아 절집 아래에 도착하여 시선을 오른쪽으로 옮기니 절집 전각들이 보였다. 시선이 그곳으로 몸을 향하게 하였다.

야트막한 둔덕을 오르자 느닷없이 옆으로 길게 이어진 장방형의 연못이 발길을 가로막았다. 전각으로 가려면 연못을 건너가야 했다. 연못의 중앙을 가로지르는 다리 너머 위에 〈사명암〉 현판이 걸려 있는 전각이 보였다. 다리를 건너지 못하고 오른쪽으로 가자 〈일승대〉란 현판을 달고 있는 정자가 보였다. 연못에는 비가 내린 후라 그런지 연꽃들이 옹기종기 모여 영롱한 자태를 한껏 뽐내고 있었다.

돌다리를 천천히 건너 〈사명암〉 현판이 걸려 있는 건물 앞에 이르자 두 개의 기둥에 〈입차문래 막존지해(入此門來 莫存智慧)〉가 새겨진 주련이 보였다. '이 산문에 들어서면 바깥 세상살이의 알음알이를 버리라.'는 의미이겠다. 그러니 이 문은 사명암의 일주문이었고, 현판은 이 암자의 이름이었다. 그러면 지금 건너온 연못은 남섬부주에서 이곳까지 올 때 건너온 향수해란 말인가.

통도사 사명암

애써 알음알이를 버리고 일주문을 들어가자 극락보전이 느닷없이 나타났다. 〈극락보전〉 현판은 월하스님의 글씨였다. 글씨는 유려하지는 않지만 부드러운 느낌을 주었다. 일승대가 있는 쪽으로 가니 사립문이 발길을 멈추게 했다. 일승대에 스님과 불자 두 명이 차를 마시며 대화하는 모습을 보고 잠긴 문을 열고 들어갔다. 왼쪽에 〈광명〉 현판이 걸려 있는 전각이 있고 앞쪽에 요사채가 있었다. 〈광명〉 현판은 혜각스님의 글씨였다. 다른 현판과 달리 음각한 글씨였다.

오른쪽에 있는 일승대에 오르자 주지인 동원스님의 사명암에 대한 이야기가 계속 이어졌다. 사명암은 원래 임진왜란 전 사명대사가 초막을 짓고 수행하면서 본절 통도사의 금강계단 불(진신)사리를 수호하던 곳이었다고 한다. 1573년 사명대사를 흠모하던 이기와 신백, 두 스님이 이곳에 절을 짓고 이름을 사명암으로 지었다. 그 뒤 쇠락한 절을 동원스님이 절을 증축하여 지금의 모습이 되었다고 한다. 동원스님의 이야기가 계속되는 중간중간 정자 천장을 보니 많은 현판이 걸려 있었다.

〈금강대(金剛臺)〉와 〈다로경권(茶爐經卷)〉 현판은 경봉스님의 글씨다. 위창 오세창이 전서체로 쓴 〈산기일석가(山氣日夕佳)〉, 추사 김정희가 쓴 〈석수실(石壽室)〉, 〈대몽각(大夢覺)〉, 〈일화오엽루(一花五葉樓)〉 현판도 걸려 있는 게 아닌가. 좀 길게 쓴 〈야유몽자불입 구무설자당주(夜有夢者不入 口無舌者當住)〉는 청남 오제봉이 썼다. 안중근이 행서체로 시원스럽게 쓴 〈제일강산〉을 모각한 현판도 있었다. 구하스님이 쓴 〈세계일화〉 현판도 걸려 있었다. 연못 쪽 처마 아래에 걸려 있는 〈일승대(日昇臺)〉 현판은 혜각스님이 썼고, 광명 전각 쪽 처마에는 묵선자 박지명이 쓴 〈욱일승천(旭日昇天)〉이 걸려 있다.

〈다로경권〉은 차와 찻물 달이는 화로와 경전이란 말이다. 〈금강대〉는 경전 중 『금강경』을 뜻하는 것이 아닐까 하는 생각이 들었다. 〈석수실〉의 석수는 '돌의 수명은 만 년 간다.'는 석수만년(石壽萬年)에서 온 것으로 장수를 기원하는 말이다. 〈일화오엽루〉는 달마대사로부터 다섯 명의 제자가 나와 선종의 가르침이 꽃피운다는 뜻이다. 〈대몽각〉은 꿈속에서 나와 크게 깨우치라는 뜻이다. 〈야유몽자불입 구무설자당주〉는 밤에 꿈을 꾸는 사람은 들어오지 말고 입에 혀 없는 사람만 와

내 생애 한 번쯤 절 여행을 떠난다면

머무르라는 말이다.

〈제일강산〉은 우리나라의 아름다운 풍경을 예찬하는 말이다. 〈산기일석가(山氣日夕佳)〉는 산의 기운은 황혼녘이 아름답다는 뜻이다. 일승대가 있는 이곳도 그러하리라. 세계가 한 송이 꽃이라는 〈세계일화〉는 너와 내가 하나요, 세상 모든 중생이 하나이니 이 세상 삼라만상이 한 송이 꽃이란 뜻이다. 세상 모든 존재는 고정불변의 실체가 있는 것이 아니라 조건에 의해 생멸하는 연기적 존재라는 것이다. 결국 육각지붕의 이 건물은 바로 경전을 독송하고 차를 마시는 다실이자 스님들이 수행하는 곳이었다. 이곳에서 많은 수행자들이 만 년이란 오랜 세월에 걸쳐 무명을 타파하고 깨달음을 이루리라.

그렇게 크지 않은 정자에 이렇게 많은 현판이 걸려 있다니 보면서도 믿어지지 않았다. 조선 최고의 명필 추사 김정희를 비롯한 서예가들과 독립운동가 안중근, 경봉스님을 비롯한 스님들의 글씨가 천정에서 선풍과 묵향을 뿜어내고 있었다. 양쪽 처마 아래에 걸려 있는 〈욱일승천〉과 〈일승대〉는 금방이라도 아침 해가 떠오르는 모습을 묘사한 듯했다.

긴 법문을 하던 동원스님이 요사채로 안내하더니 작업 중이거나 완성작 탱화를 보여 주며 설명해 주었다. 이곳은 다름 아닌 스님의 공방이었다. 불전의 본존불 뒤에 있어 바라보기만 했던 후불탱이 이런 작업을 통해 제작된다는 것을 체험하는 귀한 시간이었다. 스님 공방에도 여러 개의 현판이 걸려 있다. 그중에서 추사 김정희가 쓴 〈대호쾌활〉과 〈무량수〉 현판이 걸려 있었다. 두 개 모두 추사체의 결기가 뚜렷하

통도사 사명암 일승대

게 드러나는 글씨였다.

극락보전 앞쪽에 또 하나의 정자에서 여러 사람이 차담을 나누고 있었다. 정자 안에는 퇴경 권상로가 쓴 〈성심정〉 현판이 걸려 있었다. 처마 아래에는 동원스님이 쓴 〈무작정(無作亭)〉 현판이 걸려 있었다. 무작정이라니. 나도 이곳 사명암에 무작정 온 것이었는데 정자 이름이 무작정인 것을 보고 묘한 인연이란 생각이 들었다.

일주문을 나오니 연못이 보였다. 불교에서는 이 언덕에서 뗏목을 타고 강을 건너 저 언덕으로 가는 것을 깨달음의 세계로 가는 것으로 비유하고 있다. 그리고 강을 건넜으면 타고 왔던 뗏목을 버려야 한다고

내 생애 한 번쯤 절 여행을 떠난다면

한다. 부처님의 가르침도 저 언덕에 이르면 버려야 한다는 것이다. 언어로 표현되는 관념이나 생각 등에 대한 집착을 내려놓으라는 것이다.

사명암 일주문 앞 연못은 피안의 세계로 가길 발원하는 사람들이 건너야 하는 강이다. 강을 건너면서 모든 존재는 연기로 이루어졌다는 것을 체험할 수 있다. 그건 모든 것에 불변의 실체가 없다는 것을 깨닫는 과정이기도 하다. 사명암에 글씨를 남긴 사람들이 그렇게도 많은 것은 피안으로 가길 발원하는 사람들이 많다는 방증일 것이다.

사명대사의 치열한 구도심이 토대가 되어 세워진 사명암은 예술가와 스님들이 쓴 글씨에서 풍겨 나오는 묵향으로 가득한 도량이다. 법향과 묵향이 묘한 조화를 이루는 절집이다. 일주문을 나와 한참을 연못가에 서 있었다. 아름다움은 외형의 풍경만으로 만들어지는 것이 아니었다. 통도사에 가면 무작정 사명암에 가 보아도 좋겠다. 이렇게도 아름다운 절이 있을 줄 몰랐다는 탄성이 나올지도 모른다. 무작정이나 일승대 정자에서 차를 마시며 아름다운 풍경에 취하는 사치를 누려도 좋지 않겠는가.

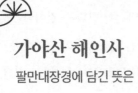

가야산 해인사
팔만대장경에 담긴 뜻은

해인사에 갈 때는 바다에 가는 느낌이 든다. 절 이름에 바다 '해(海)' 자가 있어서 그럴지도 모른다. 그런데 꼭 그런 것 같지는 않은 것 같다. 무슨 까닭인지 모르지만 그런 느낌이 드는 것은 사실이다. 이런저런 생각을 하며 가야산 숲길을 걷다 보면 어느새 일주문 앞에 있는 나를 보게 된다.

해인으로 가는 길 | 일주문

해인사 일주문 앞에 서서 고개를 들어 보면 〈가야산해인사〉라는 현판 글씨가 보인다. 비로소 가야산이 품고 있는 해인사 입구에 와 있다. 해인이라는 이름은 왠지 모르게 신비감을 느끼게 해 준다. 해인사가 해인이라는 아름다운 이름을 갖게 된 사연은 불교가 인도에서 중앙아시아를 거쳐 중국으로 전해진 후 우리나라에 들어와 정착되는 과정에

내 생애 한 번쯤 절 여행을 떠난다면

서 형성되었다. 그 기나긴 역사 속으로 들어가서 귀를 기울이고 볼 때
비로소 해인사가 조금씩 보이기 시작한다.

인도에서 발생한 불교는 석가모니가 열반한 후 기원전 3세기 무렵 각
부파별로 나뉘어 이론 연구가 사변적으로 흐르며(부파불교) 대중과 멀
어지자, 이에 대한 반발로 부파불교를 소승불교라 폄하하며 기원 전후
에 걸쳐 대승불교가 등장했다. 이제 불교는 석가모니 생전에서부터 부
파불교 이전까지의 초기불교, 논리와 사변 중심의 부파불교(소승불교),
깨달음의 추구와 대중 구제의 대승불교가 공존하는 상황이 되었다.

이런 상황에서 불교는 중앙아시아 실크로드를 통해 67년 후한 시대
중국에 전해지며 사찰 건립과 불교 경전 번역이 이루어졌다. 불경 번
역 과정에서 난해한 인도 불교 용어를 중국인들에게 익숙한 용어나 개
념을 빌려 번역하면서 중국화하는 데 성공했다. 이를 격의불교라고 한
다. 그런데 초기불교, 부파불교, 대승불교 경전이 함께 중국에 들어오
자 경전을 번역하고 해설하는 사람의 관점에 따라 체계화시키면서 경
전을 단계적으로 구분하였다.

그 결과 우리에게 익숙한 『화엄경』이나 『법화경』 또는 『금강경』을 중
심에 놓고 다른 것을 하위 개념으로 파악한 것이다. 이를 교상판석이
라고 한다. 부처님의 가르침을 서로 분별하여 해석한 것이다. 교상판
석에 따라 경전을 해석하여 체계를 세우며 중심 경전을 무엇으로 세우
느냐에 따라 화엄종·천태종·선종·정토종 등의 종파가 형성되었다.
예를 들면 화엄종은 『화엄경』, 천태종은 『법화경』을 중심경전(소의경

전)으로 삼으며 종파를 형성한 것이다. 이를 종파불교라고 부른다.

중국에서 불교를 받아들인 우리나라는 자연스럽게 종파불교 형태로 수용되었다. 통일신라 시대 의상스님이 중국에 유학하고 돌아와 화엄종을 개창하고, 자장스님이 계율종, 원효스님이 법성종을 개창한 것이다. 통일신라 말에 선종이 들어와 9산선문이 성립되고, 고려 시대에 의천스님이 천태종을 개창하는 것도 이러한 역사적 과정에서 이루어진 것이다. 이러한 흐름은 지금까지 이어져 대한불교조계종(조계종)은 『금강경』, 천태종은『법화경』을 소의 경전으로 하고 있다. 그 결과 전국의 많은 사찰이 종파 중심으로 형성되었는데 이를테면 예산 수덕사는 조계종, 단양 구인사는 천태종 사찰인 것이다.

합천 해인사는 지금 조계종 소속 절이지만 창건 당시에는『화엄경』을 소의 경전으로 하는 화엄종 사상을 표방하며 세운 화엄 10찰 중 하나였다.『화엄경』이나 화엄종에서의 화엄이란 갖가지 꽃으로 장엄, 즉 장식한다는 뜻으로 부처님의 도량, 즉 불국토를 가리키며 화장세계(華藏世界)라고도 한다. 불국토가 꽃이 만발해 있는 것처럼 아름답다는 비유이자 부처님의 세계에 도달하기 위해 수행하는 인간의 행위가 아름답다는 의미를 담고 있다.『화엄경』에서는 화장세계를 해인삼매(海印三昧)의 세계라고 한다.

바람이 불어 풍랑이 거칠게 일던 바다에 바람이 그치고 파도가 잔잔해지면 달빛이나 산 등 삼라만상이 그대로 해면에 나타나 그 모습이 마치 바다[海]에 도장[印]을 찍은 것처럼 보이는데, 그것을 해인(海印)이

라 한다. 온갖 번뇌 망상이 들끓던 마음이 고요해지면 그 맑고 깨끗해
진 마음에 삼라만상이 투영되어 나타나는데, 이를 해인삼매라고 한다.
맑고 깨끗한 마음자리가 나타난 상태다. 해인사의 '해인'이라는 이름도
여기서 유래한 것이다.

해인사 일주문

일주문에는 해강 김규진이 행서체로 쓴 〈가야산해인사〉 현판이 걸
려 있다. 일주문 후면에는 혜선 박해근이 행서체로 쓴 〈해동제일도량〉
현판이 걸려 있다. 일주문 안쪽에는 주원영이 해서체로 쓴 〈홍하문〉
현판이 걸려 있다. 홍하(紅霞)는 '붉은 노을'이라는 뜻으로 푸른 바다를

꿰뚫는다는 뜻의 '홍하천벽해(紅霞穿碧海)'에서 유래한 이름이다. 용맹
정진을 통해 얻는 깨달음의 세계를 말한다. 그래서 홍하문이란 불국토
인 부처님의 세계로 들어가는 것을 상징하는 문이다. 일주문에 잘 어
울리는 아름다운 이름이다.

해인사〈해동제일도량〉(위)과〈홍하문〉현판(아래)

　　기둥 두 개로 만든 작은 일주문에 서예로 이름을 날린 사람들의 글씨
가 세 개나 걸려 있다. 일주문 두 기둥에 전서체로 쓴 주련 글씨는 해강
김규진이 썼다. 일주문 주련〈歷千劫而不古 亘萬世而長今(역천겁이불

고 긍만세이장금)〉은 『금강경오가해』 '서설'에 나오는 글귀다. "천겁을 지나도 옛날이 아니며, 만세를 거쳤어도 늘 지금."이란다.

해인사 가는 길은 해인의 바다로 가는 여정이다. 누구나 탐욕, 분노, 어리석음의 삼독에서 벗어나길 원한다. 번뇌를 벗어난 마음에 고요가 찾아올 때 그 마음이 해인의 바다다. 그곳에 무엇이 와도 있는 그대로 비추고 다툼이 없으니 그것이 열반이고 해탈이다. 해인사 가는 마음은 해인의 마음자리를 살피러 가는 길이다. 넓은 바다가 고요하듯이 마음이 적멸에 들 때 무한한 행복이 찾아온다. 해인사는 눈·귀·코·혀·몸·뜻이 각종 대상을 만날 때마다 흔들리는 작은 행복이 아니라 어떤 상황에도 흔들리지 않는 큰 행복을 체험하러 가는 곳이다.

우리나라 불교의 자부심 | 팔만대장경

해인사는 팔만대장경이 있는 법보사찰이다. 불자가 아니더라도 해인사에 가는 사람들은 팔만대장경이란 이름에 이끌려 간다. 팔만대장경판과 그걸 보관하고 있는 건물인 판전이 세계 문화유산으로 등재되었으니 세인의 관심을 더 받고 있다. 지금은 누구나 해인사에 가서 판전을 볼 수 있고, 예약을 통해 내부까지 볼 수 있다. 해인사 팔만대장경은 여러 차례 소실되거나 타국에 넘어갈 뻔했다. 그럴 때마다 팔만대장경을 지켜 낸 사람들이 있었다.

팔만대장경은 강화도 선원사에 보관하고 있었으나 왜구의 침략과 노략질로부터 보호하기 위해 조선 초기 해인사에 판전을 짓고 그곳으로 옮겨 보관했다. 조선 왕조가 숭유억불 정책으로 팔만대장경에 대해 소홀히 할 것이라 판단했는지 일본은 조선 초기에 끊임없이 팔만대장경을 요구해 왔다. 그들의 요구에 팔만대장경본은 수십 차례 일본으로 건너갔지만 팔만대장경판은 넘겨주지 않았다.

그런데 1592년 임진왜란이 일어나고 2주 후에 합천 인근의 성주까지 점령하여 팔만대장경이 약탈당할 위기에 처했다. 이때 의병장 곽재우, 김면, 정인홍이 이끄는 경상도 의병과 소암스님이 이끄는 해인사 승병들이 왜군이 해인사로 침입해 들어오는 걸 막아 내면서 팔만대장경을 지켜 냈다.

또 한 번 소실될 위기는 6·25 전쟁 중이던 1951년 9월 18일에 일어났다. 인천상륙작전으로 낙동강까지 진격했던 인민군이 북쪽으로 퇴각하던 중 낙오된 인민군 900여 명이 해인사 주변의 가야산에 숨어들었다. 인민군을 토벌하던 육군이 공중 지원을 요청하자 미군사고문단에서 해인사 대적광전 앞마당과 그 주변을 폭격하라는 명령을 내렸다. 이때 명령을 받은 사람이 공군 편대장 김영환 대령이었다. 그는 4대의 전투기가 폭격하기 직전 폭격 중지 명령을 내리고, 해인사 밖 성주 쪽 인민군 진지를 폭격하는 선에서 끝냈다. 이로써 해인사 팔만대장경은 소실될 위기에서 벗어났다.

김영환 장군 팔만대장경 수호 공적비

하지만 김영환 대령은 명령 불복종에 따라 처형될 위기에 처했다. 그때 공군 참모총장 김정렬 장군이 팔만대장경의 중요성을 역설하였다. 또한 미군사고문단이 김영환에게 명령 불복종 경위를 추궁하였고, 이에 김영환은 명령에 불응한 정당성을 피력했다. 그는 태평양전쟁 때 미군도 일본 문화의 중심지인 교토를 폭격하지 않았고, 영국은 셰익스피어를 인도와 바꿀 수 없다고 한 점을 들어 팔만대장경도 인도와 바꿀 수 없을 정도로 귀중한 문화재라고 역설하였고, 처형을 면했다.

지금 해인사에 가면 김영환의 업적을 기리는 공적비를 볼 수 있다. 팔만대장경은 성보박물관에서부터 1킬로미터 정도 가야산 숲길을 걸어 올라가야 볼 수 있다. '김영환 장군 팔만대장경 수호 공적비'는 그 숲 길 중간쯤에 있다. 사찰에 흔하지 않은 비석이라 그냥 지나칠 수도 있다. 잠시 쉬어 갈 겸 발걸음을 멈추고 비문을 읽다 보면 팔만대장경을 지키려던 김영환의 마음을 오롯이 느낄 수 있다.

부처님의 가르침을 기록한 것을 경장, 승려들이 공동생활을 하면서 지켜야 할 계율을 기록한 것을 율장, 부처님이 열반한 후 부처님의 가르침을 해설한 주석서를 논장이라고 하는데, 이 세 가지를 삼장이라고 한다. 장은 '광주리'를 뜻하는데, 경전을 나뭇잎에 기록하여 광주리에 보관한 데서 유래하였다. 삼장 외에 원효스님이 저술한 『대승기신론소』처럼 논장에 대해 해설한 것이 소, 『임제록』처럼 불법을 깨친 스님이 찬술한 것이 어록이다. 이렇게 경장뿐만 아니라 율장, 논장, 소, 어록을 집대성한 것을 통틀어 대장경이라고 한다.

그럼 대장경은 어떤 과정을 거쳐 편찬되었을까. 부처님이 살아 있을 때에는 가르침과 계율이 말로 전해지며 수행 공동체가 잘 이루어졌다. 그런데 부처님이 열반에 든 후 부처님의 가르침이 입에서 입으로 전해지는 과정에서 사람마다 기억하는 내용이 제각각이거나 왜곡되고 상실될 위험이 있었다. 그래서 부처님이 입멸한 지 4개월 뒤 오백 명의 스님이 인도 칠엽굴에 모여 경전 편집회의를 열었다. 그곳에서 경장과 율장을 함께 암송하고 통일시켰는데, 이를 1차 결집이라고 한다.

1차 결집 이후 2차, 3차 결집 과정을 거쳐 논장도 통일시켰다. 이때까지는 경장, 율장, 논장을 머릿속에 저장하는 식의 결집이었다. 결집

내 생애 한 번쯤 절 여행을 떠난다면

으로 정리된 경전은 입에서 입으로 전해지다가 기원전 1세기경에 인도 팔리어와 산스크리트어로 기록되면서 문자로 정착되기에 이르렀다. 이때 팔리어로 기록된 경전을 니까야라고 부른다. 니까야는 부처님으로부터 직접 가르침을 들은 제자들(비구, 비구니) 사이에서 전해 오는 초기경전이다. 우리에게 익숙한『법구경』도 니까야 중 하나에 속한다.

그 후 대승불교가 성립되면서 고도로 훈련된 학승들에 의해『화엄경』,『법화경』과 같은 대승 경전이 성립되었다. 대승 경전은 부처님이 직접 설한 가르침이 아니다. 하지만 대승 경전도 불교 경전에 포함된다. 대승 경전은 초기 경전 내용을 인용, 즉 석가모니 가르침을 따라 대승불교의 방향에 맞게 편찬된 경전이기 때문이다. 결국 대승 경전도 삼매의 경지에서 깨달음을 이룬 부처님의 말씀이다. 초기 경전과 대승 경전이 성립되는 과정에서 론, 소, 어록도 계속 편찬되면서 경·율·론·소·어록이 종합된 대장경이 성립된 것이다.

해인사 대적광전 뒤 가파른 계단을 힘겹게 오르면 회산 박기돈이 쓴 〈팔만대장경〉 현판이 걸려 있는 문을 만난다. 그 문을 들어가자마자 위당 신관호가 쓴 〈수다라장〉 현판이 걸려 있는 수다라장 판전이 동서로 길게 뻗어 있다. 수다라장을 통과하면 긴 마당이 나오고 마당 뒤에 수다라장 크기의 또 하나의 판전인 법보전이 있다. 〈법보전〉 현판도 위당 신관호가 썼다. 법보전과 수다라장 좌우 즉 동서쪽에 한 개씩 두 개의 작은 판전이 있는데, 이를 동서사간판전이라고 한다. 수다라장, 법보전, 동서사간판전으로 이루어진 네 개의 해인사 판전은 1995년 유네스코 세계 문화유산으로 등재되었다.

해인사 수다라장(우)과 법보전(좌), 동사간판전(가운데)

법보전과 수다라장 판전에는 몽고 침입을 물리칠 목적으로 국가가
주관하여 1236년부터 1251년까지 16년에 걸쳐 만든 고려대장경판을
보관하고 있다. 이 고려대장경판은 고려 초조대장경판이 몽골 침입으
로 소실된 후 다시 만들었기 때문에 재조 고려대장경판이라고도 부른
다. 그리고 두 개의 동서사간판전에는 국가가 아닌 여러 사찰에서 주
관하여 만든 대장경판을 보관하고 있다. 2007년에는 수다라장과 법보
전에 보관된 고려대장경판이 유네스코 세계 기록유산에 등재되었다.
이 고려대장경판 수가 81,258매이기 때문에 흔히 팔만대장경 또는 팔
만대장경판이라고 부른다.

내 생애 한 번쯤 절 여행을 떠난다면

해인사 〈수다라장〉 현판

해인사 〈법보전〉 현판

　고려대장경판 즉 팔만대장경판 글자 하나를 새길 때마다 삼배를 하였다고 한다. 그리고 글자체를 통일시키기 위해 판각하는 사람들이 일 년여 기간 동안 집중 훈련을 했다고 한다. 이렇게 온갖 정성과 혼을 바쳐 만든 팔만대장경이 소실될 위기에 처했을 때 의병과 스님들, 그리고 김영환 장군은 목숨을 걸고 지켜 냈다. 그들이 진정 지키려고 한 것은 부처님의 가르침이었다. 부처님의 가르침을 받은 그들은 부처님의 가르침이 주는 가치를 알았을 것이고, 그것이 없어지는 걸 두려워했을 것이다. 그들에게 그 가르침은 온몸을 바쳐 지켜 낼 가치가 있는 것이었다.

지금도 누군가는 그 가르침을 필사하고 독송하며 마음에 새기고 몸으로 실천하고 있다. 팔만사천 번뇌를 없앨 수 있는 가르침이 그곳에 있기 때문일 것이다. 그에게 그 가르침은 목숨 걸고 지켜 내야 하는 성전이다. 그들이 지금 팔만대장경을 지키는 사람일지 모른다. 해인사 법보전과 수다라장에 가서 팔만대장경을 보면 우리가 진정으로 지켜 내야 할 것은 무엇인지 숙고하게 된다.

추사 김정희 글씨 | 〈가야산해인사 중건상량문〉

절집에 갈 때는 최대한 시간을 길게 잡고 여유 있게 가는 게 좋다. 우리나라 절의 대부분은 산속에 있기 때문에 절에 가는 김에 산이 주는 청량한 기운을 듬뿍 받으려면 좀 더 오래 좀 더 천천히 걷고 보는 게 좋기 때문이다. 큰 절들은 주차한 후 일주문까지 가는 숲길이 걷기에 멀지도 가깝지도 않아 좋다. 일주문까지 걸어가며 마음을 비우다 보면 어느새 일주문에 도착한다. 해인사는 주차장에서 일주문까지 800여 미터이기 때문에 걷기에 무리가 없는 거리이다.

해인사 숲길을 걸을 때는 걷기 전이나 관람을 마치고 귀가하기 전에 주차장 옆에 있는 성보박물관에 들러 불교 문화재를 보는 것도 좋다. 이곳에는 추사 김정희가 쓴 〈가야산해인사 중건상량문〉이 전시되어 있다. 상량문은 건물을 짓거나 수리할 때 그 연유 또는 역사적 사실, 건물주에게 좋은 일이 있기를 바라는 기원문과 상량 시기 등을 기록해 둔 문서다. 〈가야산해인사 중건상량문〉을 쓸 때는 추사가 32세 때인 1818년으로, 생부 김노경이 경상도 관찰사로 해인사 중건에 관여하게 되자 추사에게 해인사 중창을 위해 시주를 권하는 〈해인사 중건권선문〉을 쓰게 하고(1817), 이듬해인 1818년 대적광전이 완공되자 〈가야산해인사 중건상량문〉을 쓰게 하여 탄생한 걸작이다.

해인사는 1695년부터 1871년까지 일곱 번의 화재가 발생했는데, 특히 1817년 여섯 번째 화재는 팔만대장경판이 보관되어 있는 판전을 제외한 모든 전각들이 불에 타 없어지는 대화재였다. 그래서 추사는 〈가야산해인사 중건상량문〉 끝에 붙이는 노래로 『법화경』 「화성유품」의 팔방 16불명과 『아미타경』의 6방 불명을 썼다. 이는 화재를 예방하거

해인사 〈가야산해인사 중건상량문〉

나 진압하는 비방이었다고 한다. 〈가야산해인사 중건상량문〉은 감청색 비단에 금니(아교풀에 갠 금박 가루)로 세로 한 줄에 20자씩 67줄로 해서체로 썼다.

이 글씨체는 추사체가 형성되기 전으로 반듯반듯하고 품위가 있다. 자신의 개성을 드러내기보다는 일정한 법식을 따른 듯한데, 추사가 청나라에 갔을 때 스승으로 삼은 옹방강의 글씨체를 본떠 쓴 것이라고도 한다. 대적광전을 비롯한 전각들이 중건되었으면 상량문을 쓸 정도로 명필인 추사가 현판 한두 개쯤은 썼을 것도 같은데, 해인사에는 〈가야산해인사 중건상량문〉 외에 추사가 쓴 현판이 없다. 그 이유는 조선 후기 해인사에 주석하며 글씨로 이름이 높았던 만파 의준스님의 글씨를 공경하여 스님의 글씨가 있는 해인사에는 그의 글씨를 남기지 않았다고 한다. 아마 당시 추사는 자신의 글씨가 아직 무르익지 않았다고 생각하지 않았을까 싶다. 추사의 학문과 서예에 대한 엄격함과 겸손함을 엿볼 수 있는 대목이다.

〈가야산해인사 중건상량문〉은 추사체라는 불후의 글씨체가 태동하기 전 추사의 글씨와 그의 불교에 대한 관심을 엿볼 수 있는 귀중한 작품이다. 최완수는 이 상량문 글씨가 추사체가 완성되기 전 대표적인 작품이기 때문에 국보로 지정해도 손색이 없다고 하였다. 추사 글씨를 보고 성보박물관을 나와 숲길을 걸으면 〈가야산해인사〉 현판이 걸려 있는 일주문이 보인다.

대적광전 가는 길

　일주문을 지나면 오른쪽에 고사목 하나가 보인다. 이 고사목은 해인사와 역사를 같이한 나무다. 신라 애장왕 2년(802)에 왕후가 등창이 나자 신하들이 고승의 덕을 구하고 있었는데, 마침 하늘에 붉은빛이 감도는 곳에 가 보니 순응과 이정 두 스님이 선정에 들어 있었다고 한다. 두 스님은 왕궁으로 가자는 신하들의 청을 뿌리치고 대신 비방을 써 줬다. 비방대로 시행하여 왕후의 병이 완치되자 왕이 두 스님의 은덕에 감사하여 그 스님들이 수행하던 자리에 해인사란 절을 짓게 하고 전답을 하사하였다. 고사목은 이를 기념하여 심은 나무라고 전해진다. 이

해인사 봉황문

느티나무는 해인사와 함께 성장하다가 1945년 고사목이 된 채로 지금 해인사 봉황문 앞에서 해인사의 역사를 온몸으로 보여 주고 있다.

고사목 바로 뒤에는 유당 정현복이 쓴 〈해인총림〉 현판이 보인다. 해인사가 강원·율원·선원을 갖춘 총림사찰이라는 것을 알려 주는 현판이다. 유당 정현복은 합천 출신 서예가로 진주에서 주로 활동하였고 진주 〈촉석루〉 현판을 썼다. 이 현판 뒤쪽에 행서체로 쓴 〈봉황문〉 현판이 있다. 문 안으로 들어가면 좌우에 사천왕도가 걸려 있다. 이 그림은 이 문이 사천왕문이라는 것을 알려 준다. 다른 절 사천왕문에는 사천왕상이 조각되어 있는데 해인사 사천왕문 안에는 벽화로 그려져 있는 것이 특이하다. 자세한 이유는 모르겠다.

봉황문을 지나면 길 오른쪽에 〈국사단〉과 '지공이 점지한 땅'이라는 의미의 〈지공증점지(誌公曾點地)〉 현판이 걸려 있는 국사단이 있다. 국사단(局司壇)은 국사대신을 모신 단으로, 국사대신은 도량이 위치한 산국(山局)을 관장하는 산신과 토지가람신을 가리킨다. 국사대신은 신비스런 바람을 떨쳐 해인사에 재앙을 없애고 복을 내리기 때문에 해인사 도량을 수호하는 신이라고 볼 수 있다. 그래서 국사단을 해탈문 가기 전 도량 입구에 배치하였다. 국사단은 도량 뒤쪽에 배치된 산신각처럼 불교가 정착되는 과정에서 전통 민간신앙을 포용한 결과로 세워진 전각이다.

국사단 뒤쪽으로 만파스님이 쓴 〈해동원종대가람〉 현판이 걸려 있는 문이 있다. 문 안쪽에 혜선 박해근이 행서체로 쓴 〈해탈문〉 현판이 걸려 있어 이 문이 해탈문임을 알 수 있다. 해탈문 뒤쪽에는 우남 이승만 대통령이 1953년 이곳에 들러 행서체로 쓴 〈해인대도량〉 현판이 걸려 있다. '대가람'이나 '대도량'이란 말에서 해인사가 법보사찰 화엄도량으로 큰 절임을 나타내고 있다. 해탈문은 불이문으로 해인사의 주불전인 대적광전으로 가는 마지막 관문이다. 그런데 대적광전은 또 하나의 누각을 지나야 모습을 드러낸다.

해인사 해탈문

해인사 해탈문 〈해인대도량〉 현판

그 누각은 남천당 한규대사가 쓴 〈구광루〉 현판이 걸려 있는 구광루다. 구광루는 화엄경에서 부처님이 아홉 곳에서 설법할 때마다 백호에서 광명이 빛났다는 이야기에서 따온 이름이라고 한다. 구광루는 스님 외에는 법당인 대적광전에 들어갈 수 없었을 때 일반 대중이 들어가 예불을 올렸던 곳이다. 구광루 좌우 계단을 올라가면 비로소 대적광전이 나온다. 오른쪽 계단 위 문에는 〈해인호국도량〉이란 현판이 걸려 있다. 좌측 계단 위 문에는 해강 김규진이 행서체로 쓴 〈소림시구〉 현판이 걸려 있고 그 문 뒤쪽에는 혜선 박해근이 행서체로 쓴 〈법종찰〉 현판이 걸려 있다.

해인사 구광루

내 생애 한 번쯤 절 여행을 떠난다면

구광루 뒤에는 해인사 주불전인 대적광전이 있다. 대적광전의 대적광은『화엄경』의 연화장 세계가 대적정의 세계라는 뜻에서 비롯되었다. 대적정은 매우 고요한 경지로 모든 번뇌가 사라진 해탈과 열반을 의미한다. 그래서 대적광(大寂光)은 매우 고요한[大寂] 가운데 깨달음을 이룬 부처님의 지혜 광명[光]으로 온 세상이 있는 그대로 드러난다는 뜻이다.

해인사 대적광전

해인사는『화엄경』의 화엄 사상을 바탕으로 창건한 절이다. 그래서 대적광전에는『화엄경』의 주불인 청정법신 비로자나불을 봉안하였다.

대적광전 안에는 비로자나불을 중심으로 좌측에 석가모니불과 문수보
살이 봉안되어 있고, 우측에 지장보살과 보현보살이 협시로 봉안되어
있다. 대적광전 네 면에는 해강 김규진이 쓴 현판이 걸려 있다. 정면에
는 황금색의 글씨로 쓴 〈대적광전〉 현판이 걸려 있다. 행서체로 쓴 글
씨는 장중한 무게감과 경쾌함이 묘하게 어울린다. 김규진은 이 글씨를
쓸 때 비로자나불을 연상하며 쓰지 않았을까 싶다. 나머지 세 면에는
검은색 바탕에 흰색 글씨로 〈법보단〉, 〈대방광전〉, 〈금강계단〉 현판이
걸려 있다.

해인사 〈대적광전〉 현판

내 생애 한 번쯤 절 여행을 떠난다면

대적광전에는 흥선대원군 석파 이하응이 쓴 주련이 걸려 있다. 주련은『화엄경』에 나오는 게송으로, 비로자나 부처님의 대광명이 모든 국토에 밝게 비추어 모든 고통이 사라진 중생이 부처님의 공덕을 찬탄하는 내용이다.

부처님 몸에서 대광명이 펼쳐지고
그 형상은 가없고 지극히 청정하네
구름처럼 모든 국토에 충만하니
곳곳에서 부처님 공덕을 찬양하네
그 광명 비추는 곳 환희가 넘치고
중생의 모든 고통 모두 없어지네

佛身普放大光明 色相無邊極淸淨
如雲充滿一切土 處處稱揚佛功德
光相所照咸歡喜 衆生有苦悉除滅
(불신보방대광명 색상무변극청정
여운충만일체토 처처칭양불공덕
광상소조함환희 중생유고실제멸)

불교는 모든 존재의 근원적인 고통에 대한 인식에서 출발하여 그 고통을 사라지게 하는 길을 가르치는 종교다. 해인사 대적광전은 그 길을 몸소 깨닫고 중생들에게 가르쳐 준 부처님에 대해 찬탄하는 곳이다. 또한 모든 중생들이 부처가 간 길을 체득하는 곳이다. 부처님은 대적광으로 그 길을 환히 비춰 주고 있다. 대적광전은 괴로움이 사라진 행복한 삶에 대한 지혜를 배우러 가는 곳이기도 하다. 추사 김정희가 쓴 〈가야산해인사 중건상량문〉이 있는 성보박물관에서부터 걸어온 발걸음은 이곳 대적광전에서 멈추게 된다. 이곳이 그들이 오매불망 찾던 불국토이기 때문이다.

주련에 담긴 뜻은

절에 가면 다양한 전각들을 볼 수 있다. 그 전각들은 고유한 이름을 현판으로 걸어 놓았다. 그리고 전각의 기둥에도 주련을 걸어 놓았다. 현판과 주련은 대부분 읽기 어려운 한자로 쓰여 있다. 현판은 전각의 이름이기에 유추해서라도 읽을 수 있지만 주련은 행서체나 초서체로 이해는 고사하고 읽기조차 어렵다. 설사 읽었다 하더라도 뜻을 이해하기가 만만치 않다. 주련은 원래 궁궐이나 양반집 기둥에 걸려 있던 것이었는데 언젠가부터 사찰 전각 기둥에도 걸어 놓기 시작했다. 불교가 전통 민간신앙을 흡수하며 산신각, 칠성각이 생긴 것처럼 주련도 유교문화가 불교문화 속으로 들어온 것으로 보아도 될 듯싶다.

사찰 주련은 나무판에 불교 시구인 게송을 새겨 사찰의 기둥에 걸어

놓은 것을 말한다. 주련의 내용은 꼭 그런 것은 아니지만 주로 해당 전
각과 관련된 내용을 쓴다. 대웅전에는 석가모니불, 대적광전에는 비로
자나불, 관음전에는 관세음보살과 관련된 내용을 쓰는 식이다. 게송이
라도 깨달음과 관련된 것이거나 찬탄하는 내용이 불교적 시구 형식으
로 되어 있기 때문에 이해하기는 쉽지 않다. 하지만 시간적 여유를 갖
고 음미하면 그 의미가 자연스럽게 다가오기도 한다.

  해인사에 있는 대부분 전각에는 주련 아래에 주련의 원문과 해석을
붙여 놓았다. 한자를 모르더라도 차근차근 읽다 보면 내용이 조금씩
이해되며 해인사가 좀 더 자세히 보이기 시작한다. 해인사에 머물던
수행자들이 선별해 쓴 것이기에 해인사의 특징이 알게 모르게 배어 있
기 때문이다.

  벼락이 울리니 천지가 동시에 울부짖고
  비 그친 강산은 한결같이 푸르다
  사물이 지극해지면 물고기도 용이 되어 변화를 부리며
  도가 무르익으면 돌도 부처님 되어 신령스러워지네

  雷鳴天地同時吼 雨霽江山一樣靑
  物極魚龍能變化 道精石佛自神靈
  (뇌명천지동시후 우제강산일양청
  물극어룡능변화 도정석불자신령)

사천왕문인 봉황문의 주련이다. 해강 김규진이 썼다. 사자후로 상징되는 부처님의 설법은 잘 배우고 실천하면 물고기가 용이 되듯 신령스럽다는 내용이다. 사찰의 두 번째 문인 사천왕문을 들어서며 부처님의 설법이 신묘함을 믿고 보리심을 일으키기에 좋은 법문이자 게송이다.

비로자나 부처님 원력이 법계에 가득해라
최후의 몸으로 깨달음의 장에 나아가
원만한 해탈의 깊은 인연으로 금강보좌에 앉으셨도다
가야산중에서 최상의 깨달음을 성취하시고
해인삼매 드신 채로 항상 대화엄경을 설법 하시네
부처님의 일백사십의 공덕은 그 어디에도 비교할 수 없고
팔만사천 가르침은 온갖 경지를 뛰어넘네

毘盧遮那佛願力周法界 以最後勝體詣菩提道場
圓解脫深因登金剛寶座 伽倻山中成就無上正覺
海印三昧常說大華嚴經 一百四十功德不共二乘
八萬四千法門高超十地
(비로자나불원력주법계 이최후승체예보리도량
원해탈심인등금강보좌 가야산중성취무상정각
해인삼매상설대화엄경 일백사십공덕불공이승
팔만사천법문고초십지)

내 생애 한 번쯤 절 여행을 떠난다면

해탈문의 주련이다. 해탈문은 선과 악, 옳고 그름 등 상대적인 것들의 분별을 넘어선 불이 즉 해탈의 불국토로 들어가는 마지막 문이다. 비로자나불이 원만한 깨달음을 이루어 금강보좌에 앉고, 가야산 해인사에서 설법한다는 내용이다. 이 주련에는 해인사의 성격을 알려 주는 비로자나불, 화엄경, 해인삼매, 팔만사천법문 등의 용어가 망라되어 있다. 그래서 이 주련의 내용만 알아도 해인사를 깊게 이해할 수 있다. 가야산은 원래 석가모니가 깨달음을 이룬 인도의 산이지만 해인사를 품고 있는 가야산도 인도의 그 산과 비길 만한 산이라는 뜻이다.

해인사 수다라장 주련

사십 년 설법이 일찍이 어떤 법문인가
육천 권의 경전이 홀로 여기 있네

四十年說何曾法 六千卷經獨此方
(사십년설하증법 육천권경독차방)

　팔만대장경판이 보관된 두 개의 판전 중 아래쪽에 있는 수다라장의
주련이다. 해강 김규진이 썼다. 이곳이 부처님의 팔만사천법문이 있는
전각이라는 것을 알기 쉽게 나타내고 있다. 수다라장 뒤에 있는 판전
인 법보전의 주련은 다음과 같다.

　원만한 깨달음을 이룰 수 있는 도량은 어느 곳인가
　지금 생사가 있는 바로 이 자리

圓覺道場何處 現今生死卽時
(원각도량하처 현금생사즉시)

　석가모니의 깨달음, 즉 원만한 깨달음은 어디 먼 데 있는 것이 아니
라 지금 삶과 죽음이 있는 이곳에 있다는 것이다. 지금 이 순간이 깨달
음을 이룰 수 있는 곳이기에 지금 이 순간에 부지런히 정진하여 깨달음
을 이루라는 뜻이다. 법보전에 있는 팔만대장경도 깨달음에 이르기 위

한 방편에 불과하다. 깨달음을 이루면 팔만대장경의 팔만사천법문도 강을 건넌 후의 뗏목처럼 버려야 한다. 깨달음을 이루기 위해 지금 이 순간 무엇을 해야 하는가.

주련은 사찰에서 수행하는 사람이나 일반 대중들이 새겨 두면 좋은 글들이기에 여유 있게 사찰에 가서 찬찬히 읽어 보고 마음에 새기면 좋겠다. 주련은 팔만대장경의 법문을 사람들이 쉽게 볼 수 있는 전각 기둥에 써 놓은 것은 아닐까. 누구나 와서 보라고 말이다. 주련을 읽고 뜻밖의 유익함과 즐거움을 얻을 수 있다. 부지불식간에 깨달음의 씨앗이 뿌려질지도 모를 일이다.

하마터면 못 볼 뻔 | 용탑선원

해인사는 일주문에서부터 팔만대장경이 있는 법보전까지 일직선상에 가람이 배치되어 있어 그 동선을 따라 올라갔다 내려온다. 그런데 왼쪽으로 눈길을 돌려 계곡을 건너면 근현대 고승인 용성선사의 향기를 느낄 수 있다. 그곳에 용탑선원과 용성선사 승탑과 탑비가 있다.

용성선사는 본명이 백상규, 법호가 용성이라 흔히 백용성 스님이라고도 부른다. 3·1운동 때 한용운 스님과 함께 불교계를 대표하여 민족 대표 33인 중 한 명으로 독립선언서에 서명했기 때문에 속가의 성을 붙여 그렇게 부르는 것 같다. 16세에 가야산 해인사로 출가한 용성선사는 3·1운동으로 투옥되었다. 출옥 후에도 상해 임시정부로 독립운동 자금을 보내는 등 독립운동을 계속하였다.

일제강점기 때 일제가 대처승을 인정하는 정책 등을 펴며 왜색불교가 퍼지자 왜색불교 추방운동을 전개하였다. 처음으로 『금강경』, 『화엄경』 등 한자로 된 불경을 한글로 번역하여 보급하는 데도 앞장섰다. 함양에 화과원이라는 자급형 농장을 세워 선농일치(禪農一致)와 사찰의 경제적 자립을 도모하기도 했다. 1925년 '활구참선 만일결사회'를 창설하여 도봉산 망월사에서 만일참선결사를 시작하였다. 이 결사는 훗날 성철스님 등이 추진한 봉암결사의 모델이 되었다.

해인사 용성선사 승탑(좌)과 탑비(우)

용성선사가 1940년 입적하자 승탑(부도)을 세우고 이듬해 그 옆에

내 생애 한 번쯤 절 여행을 떠난다면

탑비를 세웠다. 부도는 종 모양이 대부분인데 용성선사 승탑은 3층 석탑 형태로 되어 있다. 부처님이 열반 후 사리와 정골을 봉안하기 위해 지었던 예배 공간이 탑이었던 점을 고려하면 희소한 형태로 보인다. 탑비의 비문은 만해 한용운이 짓고, 비의 이름 '용성대선', 머리글은 전서로 위창 오세창이 쓰고 비문은 최종한이 썼다. 3·1운동 민족대표 33인이었던 한용운과 오세창 두 명이 비문과 비의 이름을 써서 탑비의 가치를 높여 주고 있다.

해인사 용탑선원

용성선사 승탑과 탑비를 수호 관리하기 위해 1945년 그 옆에 용탑선원을 세웠다. 용성선사의 법호 용(龍) 자와 승탑의 탑(塔) 자를 택하여 용탑선원이라 이름 짓고 참선 정진하는 도량으로 건립했다. 지금 용탑선원에는 칠불보궁, 육화당, 미타굴, 용탑선원 전각이 있다. 〈용탑선원〉 현판은 서예가 성재 김태석이 썼다.

용탑선원은 대한불교조계종 종정을 세 번 역임하고 해인사 방장을 지낸 근현대의 고승 고암대종사가 주석하다가 1988년 10월 열반한 곳이기도 하다. 용성선사는 입적하기 전 한 말씀만 해 달라는 제자들의 청에 다음과 같은 열반송을 남겼다.

가야산에 단풍잎이 바르게 물들었으니
비로소 천하가 가을임을 알겠네
상강이라 낙엽 지면 뿌리로 돌아가니
구월의 보름달은 허공에 빛나느니라

迦倻山色方正濃 始知從此天下秋
霜降葉落歸根同 菊秋望月照虛空
(가야산색방정농 시지출차천하추
상강엽락귀근동 국추망월조허공)

용성선사의 법기가 흐르는 곳 용탑선원에서 현대의 고승이 배출되었다. 인 향과 법 향이 가득한 참선 도량이다. 지금 용성선사 승탑과 탑비 앞에는 나란히 고암대종사 승탑과 탑비가 세워져 있다. 두 승탑은 출가자에게 초발심을 유지하는 게 얼마나 어렵고 중요한지를 웅변하고 있었다.

조선 시대 임진왜란이라는 국난을 당했을 때 승려들이 의승군을 조직하여 전쟁에 참여하던 정신은 일제에 의한 국권 침탈이라는 환난을 당했을 때 독립운동에 투신하는 것으로 이어졌다. 중생이 고통을 당할 때 외면하지 않는 것이 불교의 보살행이다. 깨달음을 추구하지만 자비행이 바탕이 되어야 한다. 용성선사는 참선으로 화두를 참구한 선사였지만, 지행일치와 지행합일의 실천적 불교 수행자였다.

해인사 팔만대장경판은 몽골 침입이라는 국난을 당했을 때 부처님의 힘을 빌려 극복하고자 하는 목적에서 만든 국가적 대사업이었다. 용성선사는 팔만대장경판에 새겨져 있는 수많은 경전의 글귀를 머리로가 아니라 체득하고 실천한 선사였다. 법보사찰 해인사에 가면 팔만대장경판과 용성선사 승탑을 함께 보는 것도 좋겠다. 지혜와 자비는 법륜을 굴리는 두 바퀴이기 때문이다.

현대 한국 불교의 큰스님 | 해인사 백련암

어떤 장소는 어떤 사람과 깊은 인연으로 세인들에게 인식되는 경우가 있다. 해인사와 성철스님이 그렇다. 해인사에서도 백련암이 그곳이다. 그는 해인사 방장, 대한불교조계종 종정의 자리에 있을 때도 해인사 백련암에 머물며 선승들과 일반 대중들에게 많은 메시지를 주며 시대의 어른 역할을 했다. 성철스님 하면 제일 먼저 떠오르는 것이 "산은 산이요 물은 물이다."란 선어다.

> "원각(圓覺)이 보조(普照)하니 적(寂)과 멸(滅)이 둘이 아니라.
> 보이는 만물은 관음(觀音)이요 들리는 소리는 묘음(妙音)이라.
> 보고 듣는 이 밖에 진리가 따로 없으니 아, 시회대중(時會大衆)
> 은 알겠는가? 산은 산이요 물은 물이다[山是山 水是水]."

위 글은 성철스님의 대한불교조계종 제7대 종정 수락법어다. 해인사 방장이던 성철스님은 1981년 1월 초 종정으로 추대되었다. 그는 1월 20일 열린 종정 취임식장에 직접 가지 않고 총무원장을 통해 이 법어를 내렸다. 이 법어는 취임식이 끝나고 많은 사람들에게 화제가 되었다. 짤막한 법어이기에 듣기는 쉬워도 뜻을 이해하기는 만만치 않은 내용이다.

"원각이 보조하니 적과 멸이 둘이 아니라[圓覺普照寂滅無二]."는『대방광원각경』「보안보살장」에 나오는 문구다. 원만한 깨달음으로 해석되는 '원각'은 아무 결함이 없는 깨달음이라는 뜻이다. 온 세상을 비춘다는 '보조'는 깨달음의 세계를 빛이라는 말로 나타낸 것이다. '적멸'은 번뇌가 사라진 열반의 상태를 말한다. '관음'은 관세음보살의 준말이고, '묘음'은 오묘한 목소리란 뜻이다. 번뇌가 소멸된 깨달음의 세계는 모든 존재가 그 자체로 진리의 모습으로 있다는 것이다.

앞부분은 일반 대중들에게 낯선 용어가 직관적으로 쓰였기 때문에 의미를 이해하기가 애초부터 어렵다. 하지만 마지막 부분 "산은 산이요 물은 물이다."는 어렴풋이 알 듯도 하고, 부담 없이 써도 될 듯한 말이다. 그래서인지 많은 사람들이 관심을 갖고 유행어처럼 쓰게 되었다. 참선 수행에서 쓰는 '화두'란 용어를 일상어로 쉽게 쓰듯이 말이다. 그런데 이 말도 제대로 이해하기는 쉽지 않다. 수행을 통한 깨달음의 체험에서 나온 선어(禪語)이기 때문이다.

'산시산 수시수(山是山 水是水)'는 여러 사람이 썼던 말이라 딱히 원조가 누구인지는 모르겠다. 8세기 중엽 당나라 청원 유신 선사의 선어로 『속전등록』에 나온다. 13세기 고려 혜심스님의 『진각국사어록』, 14세기 말 경한스님의 『백운화상어록』에도 나온다. 이 외에도 여러 책에 나오는 걸 보면 이 선어가 선승들한테 많이 회자되었던 듯하다. '산시산 수시수'가 나오는 청원 유신 선사의 말 원문은 다음과 같다.

"내가(노승) 30년 전 참선하기 전에는 산을 보면 산이었고 물을 보면 물이었다. 그런데 후에 훌륭한 스승(선지식)을 만나 선정에 들고 보니 산을 보아도 산이 아니었고 물을 보아도 물이 아니었다. 그러다가 이제 진실로 깨달음을 이루고 보니 전과 같이 산을 보면 단지 산이었고 물을 보면 단지 물이었다. 대중들이여! 이 세 가지의 견해가 같은 것인가. 다른 것인가. 만약 이를 터득한 사람이 있다면 나와 같은 경지에 있다고 하겠다."

첫 번째 견해 '산을 보면 산이었고 물을 보면 물이었다.'는 사물과 현상에 불변하는 실체가 있는 것처럼 통념적으로는 보는 것이다. 두 번째 견해 '산을 보아도 산이 아니었고 물을 보아도 물이 아니었다.'는 사물과 현상에 불변하는 실체성이 없다는 공(空)함을 보니 전에 보던 산과 물이 아니었다는 것이다. 마지막으로 세 번째 견해 '산을 보면 단지 산이었고 물을 보면 단지 물이었다.'는 공(空)하기 때문에 산이나 물이라고 할 것도 없지만 있는 현상을 부정하지 않고 긍정하는 견해다.

첫 번째 견해는 우리가 일반적으로 보는 상식적인 단계, 두 번째 견해는 연기법, 제행무상, 제법무아 등을 깨달아 모든 사물과 현상에는 변하지 않는 실체성이 없다는 진리를 깨달은 단계다. 세 번째 견해는 그럼에도 불구하고 일상에서 보는 사물과 현상을 부정하지 않고 긍정하는 단계다. 즉 진정으로 깨달은 사람은 진리를 알고 있으면서도 현실을 부정하지 않는 것이다. 성철스님의 메시지 "산은 산이요 물은 물이다."는 세 번째 견해를 말한다.

해인사를 보고 가야산 중턱에 있는 백련암에 올라갔을 때는 마침 법당에서 신도들이 기도하고 있었다. 다른 곳은 '절간처럼' 조용했다. 궁금한 것을 물어보려고 종무소 문을 여니 노승 한 분이 계셨다. 성철스님이 머물렀던 전각을 물어보니 노구를 돌이켜 물어보는 이유를 반문했다. 서로 질문과 대답이 이어지는 가운데 노승이 성철스님을 모셨던 시자 원택스님이란 걸 알았다. 원택스님은 책 두 권을 선물로 주며 성철스님과 관련된 이야기를 짤막하게 들려줬다.

내 생애 한 번쯤 절 여행을 떠난다면

해인사 백련암 좌선실
ㄱ자 건물 제일 안쪽 방이 성철스님이 머물렀던 곳이다.

원택스님은 1967년 대학을 졸업하고 1971년 친구를 따라 백련암에
서 성철스님과 처음으로 만났다. 그는 성철스님으로부터 '속이지 마
라.'는 좌우명을 받았다고 한다. 그 후 다시 성철스님을 찾아갔을 때
"니 고마 중 되라."는 말을 듣고 1972년 출가했다. 행자 생활을 거쳐 계
를 받고 성철스님이 입적할 때까지 22년 동안 시봉하였다. 원택스님은
그 긴 세월의 이야기를『성철스님 시봉이야기』로 풀어냈다. 그리고 성
철스님 법문을 엮어 세상에 내놓았다.

큰스님 곁에서 그를 시봉하며 수행자의 길을 묵묵하게 걸어온 원택
스님을 보며 석가모니 부처님이 열반에 들 때까지 시봉했던 아난이 생

각났다. 아난은 부처님 열반 후 4개월이 지나 부처님의 가르침을 편집하는 회의에서 부처님이 생전에 가르친 내용을 오백 명의 아라한 앞에서 암송하지 않았던가. 불청객이었던 내게 삼천 배를 요구하지도 않고 귀한 책을 선뜻 선물로 주었다. 강철 같은 스승을 모신 넉넉하고 따뜻한 스님의 풍모가 좌선실 앞 작약처럼 빛났다. 원택스님의 모습에서 성철스님이 보였다.

조계산 송광사
정혜결사로 거듭난 절

순천 조계산 송광사 일주문에는 두 개의 현판이 걸려 있다. 맨 앞쪽에 〈조계산 대승선종 송광사〉, 안쪽에 〈승보종찰조계총림〉 현판이 있다. 이 두 현판에는 송광사가 어떤 사찰인지를 알려 주는 문구가 모두 쓰여 있다. '조계산'은 산지승원, '대승'은 대승불교, '선종'은 선불교, '승보'는 삼보 중 승보종찰, '총림'은 강원·율원·선원을 갖춘 총림 사찰임을 나타낸 것이다. 이 중에서 '승보종찰'은 송광사에만 부여된 특별한 이름이다.

송광사는 지금까지 이름이 네 번 바뀌었다. 맨 처음 이름은 송광산 길상사였고 그다음에 정혜사, 수선사로 바뀌었고(이때 송광산은 왕명으로 조계산으로 이름이 바뀌었다.), 마지막으로 지금의 송광사로 절 이름이 바뀌었다. 이렇게 절과 산 이름이 바뀌고, 승보종찰이란 특별한 이름을 갖는 데 결정적 역할을 한 스님이 고려 중기 정혜결사를 주도하며 한국 불교사에 한 획을 그은 보조국사 지눌(1158~1210)이다.

송광사 일주문

송광사 일주문 〈조계산대승선종송광사〉(위), 〈승보종찰조계총림〉(아래) 현판

내 생애 한 번쯤 절 여행을 떠난다면

지눌이 주도한 정혜결사는 당시 권력과 결탁하고 부를 누리며 본래의 정신을 잃어 가고 있던 불교를 반성하며 수행자의 본분으로 돌아가 선정과 지혜를 닦을 것을 주장한 불교 혁신 운동, 즉 신앙결사 운동이다.

12세기는 고려가 건국된 지 200여 년이 흐른 시기로, 소수 문벌 귀족 세력의 권력 독점과 토지 소유가 심화되었다. 왕실과 귀족들은 특정 사찰을 원찰로 삼아 경제적 지원을 하고 자제들을 출가시켜 특정 종파에 영향력을 행사하였다. 이러한 상황에서 불교계는 외적인 성장과 아울러 내적으로 타락하였고, 때마침 일어난 무신의 난(1170)은 정치적 혼란을 가중시켰고 불교계 내부에서도 변화의 움직임이 일어났다.

통일신라 말 이후 불교는 교종과 선종이 양립하는 상황이었는데 고려 중기에 이르면 문벌 귀족의 교종 후원이 두드러지면서 선종이 약해졌다. 여기에 문종의 아들 대각국사 의천이 화엄종과 법상종을 통합하여 교종 중심의 천태종을 개창하면서 선종이 더욱 약화되었다. 그런데 의천의 사후 선종의 9산선문 계통의 학일, 탄연 등의 선승들이 선종의 기반을 재정비하면서 새로운 분위기가 형성되었다. 이렇게 12세기 고려 사회가 혼란한 가운데 선종이 부상하는 상황에서 지눌이 태어나 출가 승려가 되었다.

지눌은 어려서부터 병약하여 아버지가 부처님께 병이 나으면 출가시키겠다는 서원을 세우고 기도하였다고 한다. 병이 완쾌되자 서원대로 7세에 출가하여 통일신라 말 선종 9산선문 가운데 범일이 개창한 사굴산문의 종휘선사 문하로 들어갔다. 24세 때인 1182년 개경 보제사

담선법회에 참석하였다가 승려 10여 명과 함께 선정(정)과 지혜(혜)를 닦자고 약속하고, 훗날 이 약속을 지켜 결사를 맺게 되면 정혜결사(定慧結社)로 하자고 뜻을 같이했다.

이 해에 지눌과 뜻을 같이한 승려들이 승과에 합격하였다. 지눌은 승과에 합격했으나 승직을 맡지 않고 운수납자로서 구도행을 떠났다. 전라도 창평(지금의 담양) 청원사에서 『육조단경』을 보고 크게 깨닫고, 이어서 경상도 예천 보문사에서 이통현의 『화엄론』을 읽고 크게 깨달음을 얻었다. 이후 『육조단경』과 『화엄론』은 지눌 사상의 뼈대를 형성했다. 그 후 지눌은 선의 깊은 뜻은 『육조단경』, 교학은 『화엄론』에 의거하여 수행했고, 이것이 정혜결사의 밑바탕이 되었다.

1182년 보제사의 결의가 드디어 1188년 영천 거조사에서 정혜결사로 이루어졌다. 1190년 『권수정혜결사문』을 써서 선종과 교종 모든 종파에게 정혜결사를 개방하여 큰 호응을 얻으면서 뜻을 같이하는 승려들이 많아졌다. 이때 지눌은 지리산 상무주암에 머물면서 화두를 참구하는 간화선에 관한 『대혜보각선사어록』을 읽고 큰 깨달음을 얻었다. 이로써 『육조단경』, 『화엄론』, 『대혜보각선사어록』은 지눌의 정혜결사와 간화선을 정착시키는 데 큰 영향을 끼쳤다.

정혜결사가 큰 호응을 얻자 좀 더 넓은 사찰로 자리를 옮길 필요가 생겼다. 그래서 1200년 폐사처럼 되었던 순천 송광산 길상사를 중창하여 정혜사로 이름 짓고 정혜결사 중심 절로 했다. 정혜사(定慧社)는 고려 희종 때 수선사(修禪社)로 이름이 바뀌고 국가의 사액을 받았다. 정

내 생애 한 번쯤 절 여행을 떠난다면

혜사와 수선사는 신앙결사의 단체명이면서 사찰의 이름이었다. 수선사에서 정혜결사를 주도하며 수행하던 지눌이 1210년 입적하자 고려 희종은 '불일보조국사'라는 시호를 내렸다.

수선사는 지눌 사후 수선사 2세인 진각국사 혜심에 의해 송광사(松廣寺)로 이름이 바뀌었다. 수선사에서 송광사로 절 이름이 바뀌었지만 무신 집권자 최우를 비롯한 중앙 정부의 후원에 힘입어 크게 발전하면서 당대 제일의 사원으로 불교계의 구심점 역할을 했다. 혜심이 대선사의 지위에 오르고 수선사 4세 혼원이 생전에 왕사로 책봉되는 등 지눌을 포함하여 16세 고봉국사까지 고려 시대와 조선 초기까지 16국사와 왕사를 배출하는 사찰이 되었다. 이로써 송광사는 불교 혁신 운동의 중심 사찰이자 지눌의 정혜쌍수의 정신이 이어지는 가운데 뛰어난 고승들을 많이 배출함으로써 불교의 삼보 중 승보의 중심 사찰이 되었다.

지눌은 선종 승려로서 그의 선은 화두 참구를 통해 깨닫는 간화선이었고, 돈오점수(頓悟漸修)를 주장했다. 깨달음에 이를 때는 순간적인 깨달음(돈오)이 필요하지만, 깨달음에 이른 후에는 점진적인 수행(점수)을 해야 한다는 것이다. 또한 그는 선정과 지혜를 함께 닦아야 하고[정혜쌍수(定慧雙修)], 선교일치를 주장했다. 이렇게 지눌은 선종 승려로서 참선과 함께 교학 즉 경전을 함께 공부해야 원만한 깨달음에 이를 수 있다고 하였다. 지눌의 수행 과정과 저서, 그리고 그의 가르침은 지금의 한국 선불교에 지대한 영향을 끼쳤다.

세계 명문고와 명문대에서는 뛰어난 인물들이 많이 배출된다. 흔히 역사와 전통을 자랑하는 학교는 건학 이념과 구성원의 자긍심에서부터 다른 학교와 다르다. 사찰도 그런 것인가. 16국사를 배출한 승보사찰 송광사는 근현대에도 효봉스님, 구산스님, 법정스님 같은 고승들이 이곳에서 정진 수행했다.

불교의 목적은 고통으로부터의 해탈이다. 이를 위해 개인의 능력과 근기에 맞는 방법으로 수행해야 한다. 불교 수행자는 어떤 수행을 하더라도 세 가지 공부 방법인 계·정·혜 삼학(三學)을 공부해야 한다. 계학은 계율을 지키는 것으로 모든 수행의 시작이자 근본이다. 정학은 선정을 닦는 것으로 마음을 고요하게 하는 것이다. 혜학은 지혜를 닦는 것인데, 이 지혜는 사성제, 무아, 연기법, 공을 통찰하는 지혜다.

지눌의 정혜결사는 정혜쌍수로 삼학 중 정과 혜를 함께 닦는 것이다. 그런데 여기에는 삼학 중 계가 빠져 있다. 수행자가 기본적으로 지키기 때문에 빠졌는지는 모르겠다. 한동안 궁금했는데『초발심자경문』을 공부하면서 알게 되었다. 지눌스님은 1205년 동안거를 시작할 때 수선사 중창 회향 기념으로 수선사의 청규인『계초심학인문(誡初心學人文)』을 만들어 수행자들, 특히 초심자 즉 처음 불문에 들어온 사람들이 지키도록 했다.『계초심학인문』은 삼학 중 계에 관한 것이다.

지눌의 정혜쌍수는 정과 혜만이 아니라 계도 함께 닦는 운동이었다.『계초심학인문』은 원효스님의『발심수행장』과 야운스님의『자경문』과 함께『초발심자경문』으로 합본되어 지금까지 불교 강원의 초등 과정인 사미과에서 최초로 배우는 교재가 되었다.『계초심학인문』은 한마디로 한국판 백장청규였다. 이로써 지눌스님은 계·정·혜 삼학을 제대로 닦는 정혜결사를 통해 불교를 혁신하였고, 이러한 정신은 지금 한국 불교에까지 이어지고 있다.

송광사 일주문 〈승보종찰조계총림〉 현판은 일중 김충현이 썼다. 현판 글씨는 힘과 기교가 넘친다. 일주문 앞에서 현판을 보며 한국 불교에 지대한 영향을 끼친 한 거인을 오랫동안 떠올렸다. 800여 년 전 지눌의 정혜결사는 다름 아닌 내가 지금 해야 하는 계·정·혜의 정혜결사였다. 현대 한국의 명필 김충현의 글씨에서 풍겨 나오는 묵향과 시대의 부조리를 진리의 가르침으로 금강처럼 쳐낸 거인의 향기가 불국토 입구에 가득했다.

이 다리를 건너면 불국토 | 삼청교와 우화각

송광사는 '절이 이렇게도 아름답구나.' 하는 탄성을 자아내게 하는 곳이다. 일주문을 지나 산 위에서 흘러내리는 계곡물을 건너 본전으로 들어가도록 만든 삼청교(三淸橋)와 그 위에 지은 누각인 우화각(羽化閣)에서부터 탄성은 터진다. 물 위에 비친 삼청교와 우화각은 신비한 곳으로 들어가는 느낌을 준다.

1707년에 만든 삼청교는 능허교(凌虛橋)라고도 부른다. 능허교는 세속의 모든 것을 버려야 건널 수 있는 허공의 다리란 뜻이다. 네모난 돌

송광사 삼청교와 우화각

청교 둥근 아치형 맨 위에 쐐기돌이 있다. 우화각을 통과하면 사천왕문이 나온다.

19개로 만든 무지개 모양 다리[홍예교(虹蜺橋)]이다. 삼청이란 도교에서 나온 개념이다. 신선이 살고 있는 옥청, 상청, 태청의 세 궁을 말한다. 삼청교의 무지개(아치형) 모양을 이루는 돌들은 하나하나씩 양쪽의 돌들과 끼워 쌓았다. 그리고 가운데 마구리에 핀 역할을 하는 쐐기돌을 끼워 돌다리가 무너지지 않게 중심을 잡아 주는 역할을 했다. 쐐기돌은 나쁜 기운이나 잡귀를 막기 위해 용을 조각했다. 이 쐐기돌에는 엽전을 매달아 놓았다. 전해 오는 이야기로는 시주를 받아 다리를 만들고 나니 엽전 세 냥이 남아서 훗날 보수할 때 쓰라고 쐐기돌에 매

내 생애 한 번쯤 절 여행을 떠난다면

달아 놓았다는 것이다.

우화각의 우화란 원래 번데기가 날개 달린 나방으로 변하는 것으로 일정한 상태의 근본적인 변화를 의미한다. 여기서는 사람이 '날개를 달고 날아올라 신선이 된다.'는 우화등선(羽化登仙)을 줄인 말이다. 우화각은 신선 세계로 들어가는 문 또는 누각이라는 말이다. 그런데 우화등선은 도교에서 수행하여 도달하고자 하는 단계인데 불교의 도량에 있는 것이 좀 의아하다. 아마 절과 신선 세계가 산에 있기 때문에 혼용하였을 것이다. 또한 불교가 중국에 수용될 때 도교와 습합되면서 나타난 현상일 수도 있다. 수덕사에는 만공스님이 머물렀던 금선대가 있는데 이때 금선은 '금으로 된 신선'이란 뜻으로 부처님을 가리킨다.

우화각으로 들어가는 입구에서 볼 때 정면 천정에는 해강 김규진이 쓴 〈송광사〉 현판이 걸려 있다. 청색 바탕에 흰색으로 쓴 행서체 글씨는 물 흐르듯 유연하다. 글씨 좌우에는 죽농 안순환이 그린 난초와 대나무 그림이 있다. 난초는 위에서 아래로 늘어진 채 꽃이 핀 모습이다. 녹색과 파란색의 대나무는 글씨 위쪽으로 뻗어나가 있다. 난초와 대나무가 상하로 보완하니 균형감이 있다. 유려한 글씨와 그림이 잘 어울린다. 우화각 안 양쪽 벽에는 1898년 순천부사 윤성구가 지은 시를 비롯하여 문인들이 쓴 여러 편의 시가 현판으로 걸려 있다.

우화각 입구에는 마른 향나무 하나가 높이 솟아 있다. 보조국사 지눌이 송광사에 처음 올 때 짚고 온 지팡이를 꽂고 시를 지었다. 그 뒤 지팡이에서 잎이 나 자라다가 지눌이 입적하자 향나무가 말라 버렸다.

송광사 고향수
고향수 뒤에 우화각(좌)과 침계루(우)가 있다.

내 생애 한 번쯤 절 여행을 떠난다면

그래서 이 나무를 고향수(枯香樹)라 불렀다. 지눌이 지은 시는 다음과 같다.

> 너와 나는 같이 살고 죽으니
> 내가 떠날 때 너도 떠나고
> 너의 푸른 잎을 다시 보게 되면
> 나도 그런 줄 알리라

爾我同生死 我謝爾亦然 會看爾靑葉 方知我亦然
(이아동생사 아사이역연 회간이청엽 방지아역연)

이은상은 이 고향수를 보고 시를 지었다. "어디에 계시나요/ 언제나 오시나요/ 말세창생을 뉘 있어 건지리이까/ 기다려 애타는 가슴 임도 하마 아시오리." 이 시에 송광사 인암스님이 "살아서 푸른 잎도 떨어지는 가을인데/ 마른 나무 가지 앞에 산 잎 찾는 이 마음/ 아신 듯 모르시오니 못내 야속합니다."라고 화답하는 시를 지었다. 지눌을 그리워하는 마음이 시구마다 배어 있다.

1886년 순천부사 이범진이 왕실에 송광사 보수 결과를 보고할 때 이 고향수를 그리고 그 옆에 '불생불멸(不生不滅)'이라고 적었다. 이범진은 헤이그 특사인 이위종의 아버지로 구한말 나라가 망하자 자결한 순국지사다. 이범진 순천부사는 지눌이 다시 오는 날 잎이 나올 것을 기대하고 불생불멸이라 했는지 모르겠다. 헌데 나는 이 말을 보며 『반야심경』의 "모든 법은 공하여 나지도 멸하지도 않는다[시제법공상 불생불멸(是諸法空相 不生不滅)]."는 문구가 떠올랐다.

우화각 난간에 앉아 〈송광사〉 현판 한 번 보고 고향수 한 번 보며 오랫동안 그곳에 있었다. 무지개다리는 번뇌로 가득한 중생들을 받쳐 주고 고향수는 불성을 찾던 한 수행자의 모습을 보여 주고 있었다. 고향수는 날갯짓을 하며 신선이 되든 삼청교를 건너 불국토에 들어가든 나 스스로를 탈바꿈하며 내리치는 죽비처럼 보였다. 마른 나무에서 나는 향기가 우화각 안에 가득 퍼지고 삼청교 아래에서는 조계산에서 내려온 물이 무심한 듯 흐르고 있었다.

계곡 물소리 듣기 좋은 곳 | 침계루와 임경당

삼청교와 우화각의 아름다움에 마음을 빼앗기면 좌우에 있는 침계루와 임경당을 놓칠 수 있다. 우화각 안 난간에 앉아 오른쪽을 보면 침계루, 왼쪽을 보면 임경당이 있다. 침계루와 임경당이 없었다면 우화각은 조계수 개울을 건너는 다리로만 기능했을지도 모른다. 좌우의 두 건물이 있어 개울 좌우를 병풍처럼 막아 주고 있어 신비한 선계로 들어가는 느낌을 준다.

우화각 오른쪽의 침계루(枕溪樓)는 이름이 멋스럽다. 조계산에서 흘러내리는 물을 베개로 삼은 누각이라니, 그 상상력에 감탄하게 된다. 그래서 현판 이름도 〈침계루〉다. 이곳은 원래 대웅보전 앞에 있는 강당의 역할을 하는 곳이라 반대편은 〈사자루〉 현판이 걸려 있다. 대웅보전에서 설법하는 고승의 사자후가 이곳 사자루까지 들리는 듯하다. 사자루에서 설법을 듣고 침계루에 누워 조계산 청정수가 흐르며 내는 맑은 물소리를 듣다니, 이곳이 선계(仙界) 아니겠는가.

우화각에서 왼쪽으로는 침계루처럼 개울가에 축대와 담을 쌓고 들어앉은 임경당(臨鏡堂)이 있다. 예전엔 요사채였다가 지금은 강원으로 사용하는 전각이다. 거울같이 맑은 계곡 곁에 있는 집이라는 뜻이다. 침계루처럼 조계산 맑은 물이 건물과 어우러진 멋진 이름이다. 여기에다 임경당은 침계루와 달리 모퉁이에 누각을 만들어 사찰 속의 정자 같은 독특한 느낌을 준다. 차를 마시고 시를 짓고 풍류를 즐겨도 될 것만 같다. 그래서일까 대부분의 송광사 전각에는 주련이 없는데 임경당에는 있다.

송광사 〈육감정〉 현판

임경당에 부속된 작은 정자는 계곡 쪽으로 두 개의 기둥을 세우고 지었다. 그래서 정자의 반은 개울 위에 떠 있는 모습이다. 이곳에서는 삼청교와 우화각을 제대로 볼 수 있다. 정자에는 개울 쪽에 〈육감정(六鑑亭)〉과 〈삼청선각(三淸僊閣)〉 현판이 걸려 있다.

송광사 임경당
개울 쪽으로 나와 있는 누각이 육감정이다.

〈육감정〉 현판 글씨는 조선의 명필 창암 이삼만이 썼다. 이삼만은 이광사의 영향을 받아 해서, 행서, 초서를 잘 썼는데 그의 초서는 막힘이 없어서 유수체(流水體)로 부르기도 한다. 〈육감정〉은 행서체로 전각에 어울리게 유수체로 쓴 느낌이 든다. 글씨가 구불구불하여 개울물이 돌

내 생애 한 번쯤 절 여행을 떠난다면

사이로 졸졸졸 흐르는 소리가 들리는 듯하다.

〈육감정〉 현판 옆에 걸려 있는 〈삼청선각〉은 삼청교의 삼청과 같이 옥청·상청·태청으로, 도교에서 신선이 사는 최고의 이상향을 뜻한다고 한다. 또한 물, 달, 바람이 맑은 수청·월청·풍청을 뜻한다고도 한다. 어디서 따왔든지 멋진 이름이다.

육감(六鑑)은 육근(六根) 즉 안이비설신의(眼耳鼻舌身意)를 고요히 해 육경 즉 색성향미촉법(色聲香味觸法)을 거울[鑑]처럼 집착 없이 밝고 지혜롭게 비춰 본다는 뜻이라고 한다. 육근이 육경에 집착하는 순간 온갖 번뇌가 일어나니 있는 그대로 보거나 들을 뿐 집착하지 않을 일이다. 거울[鏡]처럼 맑은 물을 마주했다[臨]는 임경당과 어울리는 이름이다.

절구통 수좌 | 무무문

송광사는 승보사찰이란 타이틀을 갖고 있어 그곳에 가면 고승의 흔적을 볼 수 있다. 그래서 보조국사 지눌을 비롯한 16국사 진영을 봉안하고 있는 국사전으로 발길이 향하지만 그곳은 일 년 중 두 번만 개방하는 금족의 건물이다. 1996년 고승의 진영 13개를 도난당한 사건이 영향을 끼친 것이 아닌가 싶다. 아쉬움에 발걸음을 성보박물관으로 옮기지만 그곳에도 도난을 피한 세 국사 진영의 진본을 볼 수 없다. 수장

고에 보관하고 있기 때문이다. 대신 복제 진영을 전시하고 있어 고승들의 흔적을 더듬어 볼 수 있다.

송광사 무무문
무무문 뒤에 사리탑과 효봉영각이 보인다.

송광사에서 머물던 고승은 16국사 외에 없을까. 성보박물관을 나와 대웅보전 쪽으로 가다 보면 정자 형태의 무무문이 있다. 그 뒤에 근현대의 고승인 효봉스님의 사리탑이 있다. 사리탑 옆에는 탑비, 그 뒤에는 효봉영각이 있다. 일중 김충현이 행서체로 쓴 〈무무문(無無門)〉은 크기는 작지만 명필의 필체가 주는 아름다움을 느낄 수 있다. 무무문은 대도무문(大道無門)에서 따온 이름이라고 한다. '바른길을 가는 데

내 생애 한 번쯤 절 여행을 떠난다면

무슨 문이 필요하냐.'라는 뜻이다. 깨달음에 이르는 데 특별한 형식만 있는 것이 아니라 다양한 방법으로 도달할 수 있다는 의미쯤 되겠다. 이런 의미인지 문은 문인데 사방이 트여 있는 문 같지 않은 문이다.

효봉스님은 평생 무(無) 자 화두를 들고 참선한 선승이었다. 해인사와 송광사의 방장을 지냈고, 1962년 조계종 통합종단이 출범하자 초대 종정에 추대되었다. 그에게는 '엿장수 스님', '판사 스님', '너나 잘해 스님', '절구통 수좌' 등 전설 같은 별명이 따라다닌다.

효봉스님은 일본에 유학하여 법학을 전공하고 일제강점기 초기에 판사로 임명되었다. 판사로 재직하던 중 내린 판결로 고심하던 그는 법복을 벗고 엿장수가 되었다. 양복을 벗어 판 돈으로 엿판을 마련하여 엿장수로 전국을 떠돌다 금강산에 들어가 출가하였다. 그래서 얻은 별명이 '엿장수 스님'이었다. 그 후 같은 법원에 근무했던 일본인 판사가 효봉스님이 머물던 절에 오면서 판사 전력이 알려지게 되면서 '판사 스님' 별명이 새로 생겼다.

'너나 잘해 스님'이란 별명은 통영 도솔암에 있을 때 생겼다고 한다. 6·25 한국전쟁 때 해인사에서 피난을 가던 중 통영 도솔암에 머물 때 구산스님, 원명스님, 탄허스님 등 제자들과 함께 정진하고 있었다. 이때 어느 제자가 술을 마시고 담배를 피우며 여색을 가까이하는 스님을 효봉스님에게 고자질을 하자, "너나 잘하면 되지 어쩌자고 남의 허물만 고자질하느냐."고 되레 호통을 쳤다. 이렇게 고자질하는 제자들에게 "너나 잘해."라고 가르치자 '너나 잘해 스님'이란 별명이 생겼다고 한다.

'절구통 수좌'라는 별명은 참선을 할 때면 절구통처럼 방석이 엉덩이에 달라붙을 정도로 철저히 하면서 붙여졌다. 절구통은 곡식을 빻거나 찧으며 떡을 치기 위해 돌이나 통나무로 만든 기구다. 고시에 합격한 사람들이 의자에 한 번 앉으면 몇 시간이고 꼼짝하지 않고 공부해 합격했다는 말이 있는 것과 어쩐지 닮았다.

효봉스님과 제자와의 아름다운 인연 이야기도 많이 전해 온다. 효봉스님이 도솔암에 머물 때인 1950년대에 불교정화운동이 일어났다. 당시 불교정화운동에 동참하는 스님들이 모였던 곳이 서울 선학원이었다. 효봉스님도 불교정화운동에 참여하며 선학원에 자주 들렀는데, 1955년 초 전라도에서 상경한 청년이 선학원에 들러 효봉스님을 만나 출가 허락을 받았다. 1955년 7월 보름 하안거 해제일에 효봉스님은 통영 미래사에서 이 청년에게 사미계를 내렸는데 그 청년이 바로 법정스님이었다.

그 후 효봉스님은 법정스님을 데리고 하동 쌍계사 탑전으로 참선 수행하러 갔다. 하루는 법정스님이 공양을 준비하기 위해 마을로 내려갔다가 그만 공양 지을 시간보다 늦게 돌아왔다. 이를 본 효봉스님이 수행자가 시간관념이 없어서야 되겠느냐며 "오늘은 단식이다."라고 하여 두 스님이 모두 굶게 되었다. 이때의 가르침이 법정스님에게 어떻게 전해졌을까. 아마도 깊은 깨우침으로 수행자 법정스님의 마음에 새겨지지 않았을까.

효봉스님과 이승만 대통령과의 일화도 전해 오고 있다. 효봉스님이

　　　　　　　　　내 생애 한 번쯤 절 여행을 떠난다면

서울 선학원에 머물 때 이 대통령의 생일 초대를 받고 경무대에 갔다. 이 대통령이 들어오는 효봉스님에게 "스님은 생일이 언제입니까?" 하고 물었다. 이에 효봉스님은 "생불생 사불사(生不生 死不死), 살아도 산 것이 아니요 죽어도 죽은 것이 아닌데 생일이 어디 있겠습니까."라고 대답했다. 생일 축하연이 끝나 효봉스님이 나올 때 이 대통령이 따라 나오면서 "우리나라에도 도인이 많이 나오게 해 주시오."라고 귓속말로 부탁하며 작별 인사를 했다고 한다.

효봉스님이 입적하기 전 시봉을 드는 스님들이 마지막으로 한 말씀 남겨 달라고 하자 "나는 그런 군더더기 소리 안 할란다. 지금껏 한 말도 다 그런 소린데." 하며 웃고 나서 열반송을 읊었다고 한다. 열반송을 읽다 보면 부처님이 열반에 들기 전 지금까지 한마디도 설하지 않았다고 한 말이 떠오른다.

내가 말한 모든 법
그거 다 군더더기
누가 오늘 일을 묻는가
달이 일천강에 비치리

吾說一切法 都是早駢拇 若問今日事 月印於千江
(오설일체법 도시조변무 약문금일사 월인어천강)

효봉스님이 1966년 10월 15일 밀양 표충사에서 입적하자 서울 조계사에서 다비했다. 그때 나온 사리를 송광사, 표충사 등 네 개 사찰에 봉안했다. 효봉스님이 머물렀던 사찰 중에서 깊은 인연이 있는 곳들이다. 송광사와 효봉스님은 어떤 인연이 있을까. 『한국의 사찰』 '송광사' 편에 나오는 다음 글귀가 효봉스님과 송광사의 깊은 인연을 말해 주고 있다.

"(효봉)스님은 이 절 (송광사)에 가장 오래 머무셨고 또 이 절을 가장 좋아하시면서 분명히 전생에 내가 이 절에서 살았을 거라고 자주 말씀하셨다."

효봉스님은 1938년 송광사 삼일암에 주석할 때 꿈속에서 보조국사 지눌의 제16세 법손인 고봉국사로부터 법문과 게송 그리고 효봉학눌(曉峰學訥)이라는 새로운 법호를 받았다. 새로운 법호를 받으며 승보사찰 송광사의 16국사처럼 고승의 반열에 오르게 되고 사리탑이 이곳 송광사에 세워지게 되었다.

효봉스님의 별명에 대해 팩트 체크를 한 결과 판사가 아니었다고 주장하는 사람도 있지만, '판사 스님'과 '엿장수 스님'이란 별명은 고승의 출가와 발원을 극적으로 표현한 것이 아닐까 싶다. 유홍준이 해남 대흥사 〈대웅보전〉 현판 글씨에 얽힌 이야기를 두고 있을 법한 전설 같은 이야기라고 했듯이 이 두 별명도 있을 법한 전설 같은 이야기이다. 전설은 사실보다 강할 때가 많다. '절구통 수좌'라는 별명은 그가 왜 해인

송광사 삼일암

사와 송광사의 방장스님으로, 조계종 초대 종정으로 많은 수행자들의 귀감이 되었는지를 알려 준다. 법정스님과의 일화는 그가 수행자로서 걸어간 길이 어떠했는지를 짐작해 볼 수 있는 대목이다.

어릴 적 친구들을 만나면 이름과 아울러 별명을 부르며 추억 이야기로 꽃을 피운다. 단순한 별명도 있지만 웃음을 자아내는 것도 있다. 나이가 지긋하게 먹은 뒤 인연을 맺은 사람들을 오랜만에 만나면 서로의 일화를 얘기하며 추억을 소환한다. 그때 말하는 일화는 지금의 삶을 이해하기 위한 방편인지도 모른다. 별명과 일화는 그 사람의 지금 모습을 알 수 있는 코드와도 같다. 육십갑자를 살아온 지금의 나를 알 수 있는 코드는 무엇일까. 어릴 적 친구들을 만나면 이름과 아울러 별명을 부르며 추억 이야기로 꽃을 피운다. 단순한 별명도 있지만 웃음을 자아내는 것도 있다. 나이가 지긋하게 먹은 뒤 인연을 맺은 사람들을 오랜만에 만나면 서로의 일화를 얘기하며 추억을 소환한다. 그때 말하는 일화는 지금의 삶을 이해하기 위한 방편인지도 모른다. 별명과 일화는 그 사람의 지금 모습을 알 수 있는 코드와도 같다. 육십갑자를 살아온 지금의 나를 알 수 있는 코드는 무엇일까.

진짜 꽃도 아닌데 ㅣ 송광사 배롱나무

송광사 일주문을 지나자마자 나오는 아름다운 삼청교에 걸터앉아 조계산에서 흘러 내려오는 개울물을 바라보면 너울치던 마음이 차분히 가라앉는다. 일주문 앞에서 하나로 모은 마음이 흩어지기 전 이곳에서 마음을 애써 붙잡지 않고 흘러가게 내버려 둔다. 마냥 앉아 있을 수 없어 다리를 건너자마자 나오는 천왕문을 통과하며 또 한 번 마음을 점검한다.

천왕문을 통과하면 발그스름하기도 하고 연분홍빛을 띤 꽃이 핀 배롱나무가 대웅보전으로 가려던 발걸음을 멈추게 한다. 배롱나무 꽃의 크기와 모양, 색깔이 다르다. 자세히 보니 연분홍 꽃은 배롱나무 가지 끝을 뚫고 나온 것이고, 발그스름한 꽃은 종이로 만든 연꽃이었다. 생화와 조화가 한 나무에서 꽃을 피운 것이다. 왼쪽으로 눈을 돌리니 같

내 생애 한 번쯤 절 여행을 떠난다면

은 모양의 배롱나무가 한 그루 서 있다. 넓은 대웅보전 마당 끝 좌우로 두 그루의 배롱나무가 있는 것이다.

대웅보전 앞마당은 시원스럽게 넓은 느낌으로 다가온다. 있어야 할 무언가가 없는 느낌이 그때서야 든다. 승보사찰로서 우리나라 3대 사찰인데 본전인 대웅보전 앞에 탑이 없다. 궁금해서 찾아보니 송광사 터가 물 위에 연꽃이 뜬 듯한 연화부수형(蓮花浮水形)으로 석탑을 세우면 그 무게 때문에 가라앉는다는 의미 때문이란다. 풍수지리설을 무시하지 않고 사찰 가람 조성에 적용한 것이다.

석탑이 없는 이유를 알고 나니 두 그루의 배롱나무가 두 개의 탑으로 보였다. 무거운 탑 대신 오랫동안 꽃을 피우는 나무를 심은 것이 아닐

송광사 배롱나무
대웅전을 기준으로 좌우측에 1그루씩 있다.

까 하고 상상해 본다. 배롱나무는 백일동안 꽃을 피워 목백일홍이라고 부르기도 한다. 그런데 송광사 사부대중들은 연중 꽃피는 배롱나무로 변화시킨 것이다. 그래서 백일홍이 아니라 매일 꽃이 피는 일일홍이 되었다. 석탑이 언제나 그 자리에 서 있듯 연중 꽃 피는 배롱나무가 석탑처럼 언제나 그 자리에 서 있다.

고려 시대 보조국사 지눌 이후 조선 초기까지 16국사가 배출되어 승보사찰이 된 송광사는 근현대에 와서도 고승들이 주석하면서 선풍을 드높인 사찰이다. 통합 종단 조계종이 출범하자 초대 종정으로 추대된 효봉스님, 그의 제자로 많은 사람들에게 무소유의 삶을 글과 행동으로 보여 준 법정스님도 송광사에서 오랫동안 정진하며 선풍을 높였다.

송광사 배롱나무는 송광사의 쌍탑이자 선승들이 피운 깨달음의 꽃을 상징하는 것처럼 보였다. 송광사에 오는 대중들은 연중 꽃피는 배롱나무 아래에서 인증샷을 하며 즐거워한다. 즐거운 마음이 오래 가기 전에 넓은 마당을 걸어 대웅보전에 들어가 보는 것도 좋다. 그곳에서 깨달음의 꽃씨 하나 배태될지도 모르기 때문이다.

무소유란 무엇인가 | 송광사 불일암

내가 가끔 가는 곳 중 하나가 서점이다. 그 서점 입구에는 "지금 네 곁에 있는 사람, 네가 자주 가는 곳, 네가 읽는 책들이 너를 말해 준다."

내 생애 한 번쯤 절 여행을 떠난다면

라는 문구가 보인다. 책을 많이 사서 읽으라는 서점의 광고 카피일 텐데, 꽤 수긍이 가는 말이다. 이 문구는 괴테의 어록 중 하나를 약간 변용한 것이라고 한다. 아내는 도서관에 가면 읽을 책들이 구비되어 있는데 왜 굳이 사서 읽느냐고 성화다. 그래도 나는 '미움받을 용기'를 내어 책을 사서 읽는다. 밑줄도 치며 읽고, 갑자기 찾아보고 싶은 내용이 있을 때 곁에 책이 있으면 그렇게 고마울 수가 없다. 책은 내 소중한 친구이자 이웃이며 분신과 같기 때문이다.

지금까지 사서 읽은 책들이 쌓일 때마다 집의 공간은 줄어들었다. 그때마다 학교와 동네 책방 등에 기증했고 지인들에게도 나눠 주었다. 그러고도 남아 있는 책들은 여전히 방의 한 공간을 차지하고 있다. 지금 내 곁에 남아 있는 한 작가의 책 중 가장 많은 것이 법정스님의 책이다. 젊은 시절부터 즐겨 읽었던 책들이고 내 사상의 형성에 많은 자양분을 주었던 것이기에 그렇지 않을까 싶다. 여기에 스님이 입적하면서 자신의 책을 더 이상 출판하지 말라는 당부를 했기에 쉽게 사서 읽을 수도 없게 되어 더 그런지도 모르겠다.

법정스님은 여러 사찰과 암자에서 수행하며 설법으로, 30여 권의 저서를 통해 많은 사람들에게 죽비의 가르침을 전해 주었다. 지금 법정스님의 흔적이 가장 진하게 남아 있는 곳이 송광사 불일암이다. 송광사 16국사 중 제7대 자정국사가 창건한 자정암이 거의 폐사 직전에 있었는데, 1975년 법정스님이 그 자리에 불일암(佛日庵)을 지었다. 불일은 모든 중생을 구제하는 부처의 광명을 일컫는 말이니, 그 지은 뜻을 어렴풋이 알겠다.

송광사 입구에서 불일암 가는 길은 스님의 상징처럼 되었던 '무소유'를 빌어 '무소유길'로 만들어졌다. 법정스님의 무소유는 '아무것도 갖지 않는 것이 아니라 불필요한 것을 갖지 않는 것'이다. 무소유란 말 속에는 무언가 신비하고 엄청난 의미가 담겨 있을 것이라고 여긴 사람들에게는 다소 실망스러운 법문처럼 들린다. 또 법정스님은 "행복의 척도는 필요한 것을 얼마나 많이 갖고 있는가에 있지 않고, 불필요한 것으로부터 얼마나 벗어나 있는가에 있다."고 하였다.

이 가르침은 "배운다는 것은 날마다 더하는 것이고, 도를 닦는다는 것은 날마다 덜어내는 것[위학일익 위도일손(爲學日益 爲道日損)]."이

송광사 불일암

내 생애 한 번쯤 절 여행을 떠난다면

라는『도덕경』의 가르침과도 상통하는 것 같다. 무엇이 불필요한 것이고, 무엇을 덜어내라는 것일까. 내 마음에 굳게 똬리를 틀고 앉아 어느 때라도 튀어나오는 탐욕, 분노, 어리석음의 삼독이 아닐까.

불일암 후박나무는 법정스님이 이곳에 머물 때 친구처럼 지낸 것 같다.

> "오늘은 참으로 고마운 날이다. 오랜만에 청명한 달밤을 맞이하다. 달빛이 좋아 잠옷 바람으로 뜰에 나가 후박나무 아래에 놓인 의자에 앉아 한참을 보냈다. 앞산에 떠오른 열이레 달이 가을달처럼 맑고 투명했다. 달빛을 베고 후박나무도 잠이 든 듯 미풍도 하지 않다가 이따금 모로 돌아눕듯 한 줄기 맑은 바람이 스치면 잎새들이 조용히 살랑거린다." (「산거일기」)

후박나무 아래 의자에 앉은 법정스님의 모습이 달빛에 환히 보이는 듯했다. 법정스님 입적 후 유골은 유언에 따라 그가 아끼고 사랑했던 불일암 후박나무 곁에 묻었다.

법정스님의 마지막 유언, 즉 임종게는 "분별하지 말라. 내가 살아온 것이 그것이니라. 간다, 봐라."였다. 출가하여 수행했던 삶, 그걸 한마디로 압축하면 '분별하지 않는 것'이었다. 분별은 옳고 그름, 길고 짧음 등 이분으로 나누어 구별하고 차별하는 것이다. 분별에서 탐욕과 분노가 일어나는데, 이 둘은 '나'라는 실체가 있다는 어리석음에서 나온다는 것이다. 법정스님은 임종 직전까지 살아온 삶을 임종게로 남겼다. 그러면서 '가는 나를 보라.'고 한다. 자기 삶 자체를 유언으로 남기는 사람이 몇이나 될까 싶다.

말과 행동이 일치된 수행자, 글로 법문으로 수많은 법보시를 한 법정스님의 공덕으로 무소유길이 생겼다. 무소유길은 그가 만든 길 없는 길이었다. 그 길을 걷는 사람들은 무소유를 개념이 아닌 실천으로 받아들일 것이다. 생전에 김수환 추기경은 무소유를 실천하지만 『무소유』 책은 소유하고 싶다고 했다. 소유하지만 소유하지 않은 것이 무소유는 아닐까.

송광사 불일암 후박나무
이 나무 옆에 법정스님의 유골을 안치했다.

내 생애 한 번쯤 절 여행을 떠난다면

세계 유산으로
빛나는 절

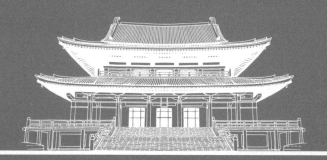

유네스코 세계유산위원회는 '산사, 한국의 산지승원' 7개 사찰을 7~9세기에 창건된 이후 현재까지 지속되고 있고, 한국 불교의 깊은 역사성이 세계 유산 등재 조건인 '탁월한 보편적 기준'에 해당한다고 평가했다.

세계 유산 7개 사찰은 산사의 입지와 공간 구성, 유형·무형의 문화적 특성을 잘 전승해 오고 있다. 기후·지형 등을 고려하여 경사가 완만한 산기슭에 자리하고 있으며 일반 대중의 접근이 쉽고 산과 계곡 등 주변 자연을 경계 삼아 자연친화적이고 개방형 구조를 지니고 있다.

승려들의 신앙과 수행, 일상생활을 위한 기능과 특징을 지속하여 왔고, 일반 신자들의 신앙처로서의 기능을 확대하고 수행에 필요한 공간과 시설을 갖추어 오면서 승가 공동체의 신앙·수행·일상생활의 중심지이자 승원으로서 기능을 해 오고 있다.

세계 유산에 등재된 사찰은 양산 영축산 통도사, 해남 두륜산 대흥사, 순천 조계산 선암사, 영주 태백산 부석사, 공주 태화산 마곡사, 보은 속리산 법주사, 안동 천등산 봉정사다.

내 생애 한 번쯤 절 여행을 떠난다면

두륜산 대흥사

만 년 동안 훼손되지 않을 땅에 지은 절

해남 대흥사는 두륜산 골짜기에서 흘러내리는 금당천을 기준으로 남원과 북원 구역으로 나뉘고, 남원 뒤쪽으로 별원이 배치되는 독특한 구조로 가람이 배치되어 있다. 북원에는 대웅보전을 중심으로 명부전, 응진전, 산신각, 침계루 등이 배치되어 있다. 남원에는 천불전을 중심으로 용화당, 봉향각, 가허루 등이 있다. 별원은 대광명전과 동국선원이 있는 구역과 표충사 구역이 있다.

추사의 이광사 글씨 평에 얽힌 일화 | 대웅보전

남원 구역에서 북원 구역으로 가려면 금당천을 가로지르는 심진교(尋眞橋)를 건너가야 한다. 심진교는 '진리를 찾아 건너는 다리'라는 의미를 지니고 있다. 심진교 건너편에는 '계곡을 베개삼은 누각'이란 의미를 품고 있는 침계루(枕溪樓)가 있다. 2층 누각 건물이라 아래층의 어간 통로를 통과해 대웅보전(大雄寶殿) 안마당으로 들어가게 된다.

심진교를 건너는 것은 불법의 가르침을 들으러 가는 것이자 깨달음의 세계로 가기 위해 강을 건너는 행위다. 심진교는 강을 건너가기 위해 뗏목을 타는 행위다. 강을 건너 저 언덕에 다다른 사람은 마지막으로 침계루를 통과해야 한다. 불국토에 들어가는 마지막 문이다. 그래서 침계루는 영주 부석사의 안양루처럼 불이문과 같다.

대흥사 심진교와 침계루

심진교를 건너기 전 고개를 들어 2층 누각 처마를 보면 물 흐르듯 쓴 〈침계루〉 현판이 보인다. 동국진체를 완성했다는 원교 이광사의 글씨

내 생애 한 번쯤 절 여행을 떠난다면

다. 금당천 옆에 세운 침계루의 모습을 글씨로 구현해 낸 멋진 글씨다. 그런데 〈침계루〉 뒤쪽 처마에 걸려 있는 〈원종대가람(圓宗大伽藍)〉 현판도 이광사가 단정한 행서체로 썼다. 아마 대웅보전을 바라보는 쪽이라 그렇게 쓰지 않았을까 싶다.

침계루 어간문을 지나면 대웅보전 앞 계단까지 연꽃무늬가 새겨진 돌 카펫이 깔려 있다. 대웅보전에 들어가는 사람이 걸어가는 길이다. 연꽃을 사뿐히 밟고 가는 모습을 상상만 해도 아름답다. 차마 성큼성큼 걸을 수 없어 잠시 침계루 끝에 서서 대웅보전을 바라봤다. 날렵한 지붕 처마선이 정면 5칸의 대웅보전 좌우로 팔을 벌린 듯 시원하게 뻗어 있다.

처마의 중앙에는 두 줄로 쓴 〈대웅보전〉 현판이 걸려 있다. 길게 뻗은 지붕선이 사각 모양 현판으로 흐트러짐을 막아 주는 느낌이다. 사각형 안의 글씨는 단정한 해서체이지만 지붕 선처럼 시원시원하게 썼다. 현판의 모양과 크기, 글씨체가 건물과 기막히게 조화를 이룬다. 완도군 신지도에서 유배 생활을 하던 이광사는 비록 갇힌 몸이었지만 글씨에 배어 있는 정신은 자유로웠다.

이 글씨를 두고 세인들에게 알려진 에피소드가 있다. 추사 김정희가 제주도로 유배 갈 때 초의선사를 만나러 대흥사에 들렀다. 그때 절친이던 초의선사에게 대웅보전에 걸린 이광사의 〈대웅보전〉 현판을 떼어 내고 자기가 써 주는 현판을 걸라고 했다. 그런데 추사는 제주도 유배에서 풀려 한양으로 가는 길에 대흥사에 들러 이광사가 쓴 〈대웅보전〉 현판으로 다시 걸라고 했다는 것이다. 이를 두고 유배 생활 동안 모난 추사의 인격이 둥글둥글해졌다는 세인들의 평가가 많이 떠돌았다.

정말 그랬을까 싶다. 있을 법한 이야기로 세인의 관심을 끄는 이야기이지만 유배를 가는 죄인의 몸으로 글씨를 쓰고, 걸려 있는 명필의 글씨를 억지로 떼어 내고 자기가 쓴 것을 걸라는 행동을 했을까. 명필은 명필을 알아보는 법이다. 추사가 명필 이광사의 글씨를 비판하기도 했지만 이왕 걸려 있는 현판을 떼라고 할 정도로 모나지는 않았을 것이다. 초의선사가 추사의 절친이지만 추사가 설령 그렇게 하라고 했다고 정말 바꿔 걸었을까 싶다.

불교는 생각과 관념에 집착하지 말라고 가르친다. 글자 너머의 있는 그대로의 모습을 보라고 한다. 대흥사 본전인 대웅보전 현판 글씨를 두고 누구 글씨가 낫고 못하다는 분별은 불교의 가르침과는 한참 거리가 멀다. 불교에 대한 해박한 지식을 갖고 있던 추사 김정희가 글씨에 대해 엄격했지만 불국토를 장식하는 현판 글씨를 두고 교만을 부렸다는 것은 어쩐지 어색하다.

추사 김정희는 대웅보전 오른쪽에 있는 백설당 전각에 〈무량수각(无量壽閣)〉이란 멋진 글씨를 남겼다. 진본은 성보박물관에 보관되어 있다. 예서체로 쓴 굵은 획들은 묵직하지만 둔하지 않다. 기교를 부린 듯하지만 졸박하기도 하다. 『도덕경』에 나오는 대교약졸(大巧若拙)의 서체다. 가늘고 시원시원하게 쓴 〈대웅보전〉의 필체와 대조적이다. 대웅보전과 인접해 있는 백설당에 걸려 있는 추사와 원교 이광사의 글씨는

내 생애 한 번쯤 절 여행을 떠난다면

불법 안에서 걸림 없이 조화롭게 어울려 있다.

북원 구역은 대흥사의 본전이 있는 곳이다. 심진교를 건너 침계루를 지나고 대웅보전에 이르는 길은 일직선으로 나 있다. 이광사는 글씨로 그 길을 가는 사람들을 현판 글씨로 안내한다. 그는 때론 두륜산 물이 흐르는 듯 자유롭게, 고요하고 단정한 모습으로, 마지막에는 두 모습을 모두 표현하는 모습으로 안내한다. 이광사는 피안에 도달하고 싶은 마음으로 침계루와 대웅보전의 현판 글씨를 쓰지 않았을까.

글씨는 쓰는 사람의 마음 따라 흐르는 강과 같다. 그래서 글씨는 때론 평화롭게 때론 격렬하게 소리 내어 울기도 한다. 인간이 감당하기에 너무나 힘든 유배 생활을 오랫동안 겪은 추사 김정희와 원교 이광사는 인접한 전각에 존재감을 드러내는 글씨를 남겼다. 그들의 글씨는 절망의 언덕에서 피어나는 아름다운 글꽃이다.

남원 구역의 중심 전각 | 가허루와 천불전

대흥사 북원 구역에서 남원 구역으로 가려면 금당천을 건너 계단을 올라가야 한다. 계단 중간쯤을 오르면 연리근으로 묶인 두 그루의 느티나무가 서 있다. 연리는 가까이 자라는 두 나무가 서로 만나 합쳐지는 현상이다. 오랜 세월 햇빛과 바람을 맞으며 서로 겹쳐 하나가 된다. 사람들은 두 몸이 하나가 되는 모습을 보고 사랑나무라고도 부른다.

대흥사 연리근은 북원과 남원을 연결하여 하나의 가람으로 만드는 나무처럼 보인다. 둘이면서 하나인 불이목처럼 보이기도 한다.

계단을 오르면 맨 먼저 만나는 전각이 가허루(駕虛樓)다. 누각은 2층으로 된 빈 공간이 있는 건물이다. 누각은 사찰에서 1층으로 사람들이 드나들고 2층은 법회 때 모이는 곳으로 쓰인다. 대흥사 가허루는 누각이지만 2층이 없는 단층 건물인데 가허루라 이름 지었다. 휘어진 나무를 이용해 출입구의 문지방이 땅으로부터 떠 있게 만들었기 때문이라고 한다. 휘어진 문지방이 1층 역할을 하니 그 위의 건물은 2층이 되는 셈이다.

2층으로 만들 수도 있었는데 왜 굳이 1층으로 만들었을까. 가허루 문 앞에 서면 저 멀리 앞에 두륜산 가련봉과 두련봉이 보인다. 가허루를 1층으로 만듦으로써 두륜산을 보면서 들어가는 사람들의 시선을 막지 않게 하는 건축적 장치가 아니었을까 싶다. 또한 가허루를 들어가면 정면으로 만나는 전각이 천불전이다. 가허루를 2층 누각으로 만들면 천불전의 높이보다 올라가게 된다. 이를 고려해 낮은 단층으로 만들어 두륜산 정상과 연결되는 상승감을 막지 않게 한 것은 아니었을까 싶다.

〈가허루〉 현판은 창암 이삼만이 썼다. 창암 이삼만과 추사 김정희에 얽힌 일화도 있을 법한 이야기로 전해 온다. 제주로 유배를 가던 추사가 창암의 글씨를 보고 '밥은 먹고살 만한 서생의 글씨'라고 폄하했다고 한다. 그런데 유배에서 풀려나 귀향하던 중 사과하기 위해 창암 이삼만을 만나려 했으나 창암은 이미 죽은 뒤였다는 것이다. 이를 두고서

대흥사 〈가허루〉 현판과 출입구
〈가허루〉 현판은 복제본이고 진본은 성보박물관에 보관되어 있다.
문 뒤쪽으로 천불전이 보인다.

도 세인들은 추사가 유배 기간 인간적인 성숙을 했다고 평가한다.

요즘 말로 금수저로 태어난 추사 김정희는 젊은 날 청나라 최고의 학
자들과 교류하며 학문과 글씨의 지평을 넓혔다. 이런 추사에게 향촌의
서예가 글씨가 수준 낮게 보였을 수도 있다. 하지만 이 에피소드도 있
을 법하지만 선뜻 믿기 어려운 이야기로도 들린다. 당시 추사의 혹평

을 들고 있던 창암 이삼만의 제자들이 추사 김정희에게 대들려고 했으나 창암 이삼만이 말렸다고도 한다. 비록 유배 가는 몸이지만 고관대작에 왕실 인척이었던 추사 김정희에게 시골 서생들이 그런 행동을 했을까 싶다.

가허루 문을 들어가면 정면에 천불전(千佛殿)이 보인다. 중앙의 삼존불을 중심으로 1천 좌의 불상이 봉안되어 있어 천불전이라 부른다. 이 천불은 풍계대사가 경주에서 생산되는 납석으로 만들었다. 경주에서 제작된 천불을 3척의 배에 싣고 해남으로 향하던 중 1척이 울산진에서 표류하여 일본 나가사키에 닿았다고 한다.

이 옥불을 본 일본인들이 절에 봉안하려 하였는데 꿈에 옥불들이 나타나 "우리들은 지금 조선국 해남 대흥사로 가는 중이니 이곳에 봉안될

대흥사 천불전

내 생애 한 번쯤 절 여행을 떠난다면

수 없다."고 말했다고 한다. 이 꿈이 예사롭지 않다고 여긴 일본인들이 옥불 밑에 '일(日)' 자를 새겨 넣어 해남으로 돌려보내 대흥사에 봉안되었다고 전해 온다. 이 옥불들은 경상도 불자들의 꿈에도 나타나 "추우니 가사를 입혀 달라."고 했다는 것이다. 그래서 지금 천불전의 천불상에게 4년마다 가사를 갈아입히고 있다.

가허루는 '허공에 뜬 누각'이란 뜻이다. 허공은 불교의 공 사상을 의미한다고 볼 수도 있다. 공은 모든 사물과 존재는 그 자체의 변하지 않는 실체가 없고 연기된다는 무아와 연기설의 다른 표현이다. 공의 이치를 깨치고 가허루를 들어가면 깨달은 천불이 있는 천불전을 만나는 형국이다. 〈천불전〉 현판은 원교 이광사가 썼다. 이광사와 이삼만이 남원 구역에서 글씨로 만나는 모습이다.

한 사람은 뛰어난 재주를 유배 생활하며 세상에 풀어놓았고, 또 한 사람은 향촌을 넘어 불법의 세상에 빼어난 재주를 남겼다. 북원 구역에서 추사 김정희와 원교 이광사가 만났다면 남원 구역에서는 창암 이삼만과 원교 이광사가 만난 형국이다. 세 사람은 타고난 재주와 치열한 노력 끝에 명필의 반열에 올라 재주의 높고 낮음을 분별했다고 세인들의 입에 오르내린다. 하지만 그들은 같은 공간에 그들의 글씨를 남겨 분별하는 세인들에게 진리를 무언으로 보여 주고 있는지도 모른다.

대흥사의 남원과 북원은 원래 두 구역이라기보다는 대흥사를 설명하기 위한 사용 설명서다. 남원 구역과 북원 구역 사이에 있는 연리근이 두 나무를 하나처럼 연결시켰듯이 남원과 북원도 하나의 가람일 뿐이다. 조선 후기 명필 세 사람도 글씨로 두 곳에서 만났다. 사람들은 그들을 대상으로 하여 있을 법한 이야기로 만들었다. 분별하는 그 이야기들은 남원과 북원에서 하나로 수렴된다. 명필은 단지 글씨로 자기를 드러낼 뿐 분별하지 않는다. 대흥사 남원과 북원은 그래서 중도의 이치를 깨닫는 곳이자 불이법문을 듣고 보는 도량이다.

절 안에 웬 유교식 건물? ㅣ 표충사

각 시대마다 수행과 불교 발전에 큰 영향을 끼친 고승 한 명씩을 든다면 통일신라 시대는 원효대사, 고려 시대는 보조국사 지눌, 조선 시대는 서산대사일 것이다. 서산대사의 법호는 청허, 법명은 휴정이다. 그런데 오랫동안 서산으로도 불리는 묘향산에 살았고 묘향산 원적암에서 입적하였으므로 세상 사람들이 서산대사라고 불렀다. 그런데 서산대사로 인해 사찰의 위상이 커졌고 지금도 서산대사의 정신이 배어 있는 절이 해남 대흥사다.

서산대사(1520~1604)는 15세 때 진사과에 낙방하고 지리산 숭인장로를 만나 출가했다. 33세 때 문정왕후와 보우선사에 의해 부활된 승과에 급제하였다. 36세 때 판교종사와 판선종사, 이어서 선교양종판서라는 최고의 승직에 올랐으나 이를 버리고 묘향산, 금강산 등에서 제자들을 가르쳤다. 1589년 일어난 정여립 모반 사건에 연루되어 투옥되었으나 무고로 밝혀져 선조의 어명으로 석방되었다.

73세 때인 1592년 임진왜란이 일어나 왜군에 의해 한양과 평양이 점령되는 사태에 이르러 선조의 간곡한 부탁으로 '팔도십육종도총섭(八道十六宗都摠攝)' 직책을 부여받고 전국의 모든 승려들이 전쟁에 나가 싸울 것을 호소하였다. 이리하여 제자들이 중심이 되어 전국에서 의승군이 일어났는데 그 수가 5,000여 명에 이르렀다. 서산대사는 의승군을 지휘하여 명나라 군대와 함께 평양성을 탈환하는 데 큰 공적을 세웠다. 이후 연로했다는 이유로 총섭의 일을 사명대사와 처영대사에게 맡기고 묘향산으로 돌아갔다.

1606년 묘향산 원적암에서 입적하기 전 대흥사가 위치한 곳이 풍수지리상으로 '삼재불입지처(三災不入之處) 만년불훼지지(萬年不毁之地)'라면서 자신의 가사와 발우 등 유품을 해남 대흥사에 보관토록 유언하였다. 두륜산 대흥사는 '(전쟁을 비롯한) 세 가지 재앙이 미치지 못할 곳으로, 만 년 동안 훼손되지 않을 땅'이라는 것이다. 지금 이 말은 대흥사 산문의 주련으로 걸려 있다.

국토의 최남단에 치우쳐 있는 불리한 조건임에도 풍수의 이점만을 고려하여 그의 유품을 대흥사로 옮겨 보관하라고 했을까. 아마도 처영대사 등 많은 제자들이 남쪽에 있기 때문에 종통이 돌아갈 곳이라 여겨 그런 유언을 하지 않았을까. 그의 유언대로 제자들이 1607년 그의 유품인 금란가사와 벽옥 발우를 대흥사에 가지고 와서 재를 올리고 진영을 봉안하는 영각을 지었다. 1655년에는 묘향산에 있던 가사와 발우,

신발 등을 대흥사에 가져와 보관하였다.

지금 대흥사 경내에 있는 표충사(表忠祠)는 서산대사의 충절을 기리기 위해 1789년 정조의 교서에 의해 지은 사당이다. 상량문은 초의선사가 썼다. 유교적 사당이기에 외삼문과 내삼문의 솟을삼문을 세우고 그뒤에 표충사 건물을 세웠다. 표충사 안에는 서산대사와 함께 그의 제자로 임진왜란 때 공적을 세운 사명대사와 처영대사의 진영을 봉안했다.

표충사에는 정조가 하사한 〈표충사〉 현판이 걸려 있다. 그 오른쪽에는 위당 신관호가 쓴 〈어서각〉 현판이 걸려 있다. 어서각은 '임금의 글씨가 있는 건물'이라는 뜻으로 〈표충사〉 현판이 정조의 글씨임을 나타낸다. 행서체의 〈표충사〉 현판 글씨는 묵직함과 단정함이 배어 나온

대흥사 표충사

내 생애 한 번쯤 절 여행을 떠난다면

다. 충절을 기리는 군주의 마음이 읽혀지는 글씨다. 표충사 오른쪽에는 표충비각이 세워져 있다. 〈표충비각〉 현판은 위당 신관호가 썼다. 비각 안에는 1791년 서유린이 지은 〈서산대사표충사기적비명〉과 1792년 연담유일이 지은 〈건사사적비명〉이 있다.

표충사가 세워지면서 서산대사의 충의를 기리기 위해 제관을 보내 '대흥사 표충사 향례'를 거행하였다. 이렇게 대흥사 안의 표충사가 공인되면서 원장과 도유사를 두고 제향을 지냈는데 원장이 팔도선교도총섭의 지위를 가짐으로써 대흥사의 위상이 높아졌다. 향례는 국가에서 제관을 파견하여 제를 올리는 국가 의례로 불교와 유교 의례가 습합된 문화유산이다. 지금 대흥사에는 호국불교의 상징인 서산대사의 정신을 기리기 위해 2018년부터 호국대전을 새로 건립하는 불사를 진행하고 있다.

'사람을 죽이지 말라.'는 출가한 승려뿐만 아니라 재가불자가 지켜야 할 오계 중 맨 처음 나오는 계율이다. 그래서 살아 있는 생명을 해치는 것을 가장 큰 악업으로 규정하고 지키도록 하고 있다. 불문에 귀의한 승려들이 전쟁이라는 상황에서 선택하기 힘든 계율이다. 그런데도 서산대사는 나라가 절체절명의 위기에 처했을 때 의승군을 이끌고 전쟁에 참여할 수밖에 없었다. 불교의 계율마저 물리친 대의의 정신이 있었기에 가능한 일이었다. 고려 시대 대장경을 간행하여 외적의 침입을 막으려는 호국불교 정신의 전통이 숭유억불의 조선 시대에도 이어지고 있었다.

우정과 사제의 정으로 지은 전각 | 대광명전

조선 시대 유배형은 가혹했다. 유배형은 기한을 명시하지 않았기에 정치적 변동에 따라 단기간에 풀려날 수 있다. 반대로 유배 중 사약을 받거나 종신형이 될 수도 있는 무서운 형벌이었다. 유배형 중에서 위리안치는 더 가혹했다. 거주하는 집 밖으로 나오지 못하는 형벌이었다. 이런 형벌을 받은 사람 중 세간에 널리 이름이 알려진 사람이 추사 김정희다.

가혹한 유배형을 받은 추사에게 따뜻한 사제의 정과 우정은 그를 절망의 심연에서 구해 준 빛이었다. 그의 제자 소치 허련은 세 번에 걸쳐 스승의 유배지에 가서 그를 모시며 그림과 글씨를 배우고 스승의 초상화를 그렸다. 역관 출신 제자 이상적은 북경에서 귀한 서책을 구해 와 제주도에 유배 중인 스승 추사에게 가져다주었다. 이런 제자의 한결같은 마음에 감동하여 그려 준 그림이 국보로 지정된 〈세한도〉다.

추사의 평생지기였던 초의선사는 추사의 제주도 유배지에 가서 6개월을 머물며 친구의 고난을 함께했다. 또한 초의선사가 추사에게 보내 준 차는 추사의 건강과 마음에 평안을 가져다주었다. 또 다른 제자였던 위당 신관호는 초의선사와 함께 스승의 빠른 해배를 기원하는 불사를 진행했는데, 그래서 탄생한 것이 대흥사 대광명전이다.

무관이던 위당 신관호는 스승의 곁에 가까이 가고 싶어 전라도 우수영 수군절도사로 자청해 해남으로 내려왔다. 대흥사에서 추사의 평생

지기 초의선사를 만나 스승의 조속한 해배를 위해 할 일을 논의했다. 초의선사는 추사 해배의 염원과 원력이 담긴 불사를 제안했다. 추사의 제자와 친구의 간절한 소망이 추사가 유배된 다음 해인 1841년 대광명전 건립으로 실현되었다. 대광명전 단청은 초의선사가 직접 했다고 한다. 무늬가 화려하고 특색 있는 것으로 유명하다. 위당 신관호는 〈대광명전〉 현판을 써서 걸었다.

대흥사 대광명전

1848년 12월 6일 헌종의 명에 의해 추사 김정희는 석방되었다. 세상 만사 모든 것이 저절로 이루어진 것은 없다. 추사의 해배에도 당시의 정세 변화와 사람들의 노력이 있었다. 추사가 해배되기 전 헌종은 당시 세도가인 노론 시파의 안동 김씨 세력에 맞설 노론 벽파에 속한 인물들을 해배시키거나 중용했다. 이때 등용된 인물 중의 한 명이 추사의 제자인 위당 신관호(후에 신헌으로 개명)였다. 또 다른 제자 소치 허련은 헌종을 친견하였다.

당시 소치 허련이 헌종을 친견할 수 있도록 조치를 취한 사람이 위당 신관호였다. 금위대장이었던 위당 신관호는 소치 허련에게 헌종이 부른다는 사실을 알려 주고 올 때 추사 김정희의 글씨를 가져오라고 했다. 신관호는 허련이 입궐할 수 있도록 전라도 고부 감시에 응시하도록 했고, 허련은 한양에 올라와 신관호의 집에 머물며 헌종에게 추사의 글씨와 자기의 그림을 진상하였다. 이는 추사의 해배가 임박했음을 알

대흥사 동국선원
처음 지은 동국선원으로 고당으로 불린다.

내 생애 한 번쯤 절 여행을 떠난다면

려 주는 징표였다.

제주 유배에서 석방된 추사 김정희는 귀경하는 길에 1849년 봄 대흥사에 들러 초의선사를 만났다. 당시 초의선사는 대광명전 옆에 추사의 석방을 위한 또 하나의 전각을 지었다. 추사 김정희는 이 전각에 〈동국선원〉이란 현판을 써 주었다. 당시 대흥사는 선과 교의 종원으로 자부하였기에 동국 최고의 선원이란 의미를 담아 이름 짓고 현판을 쓴 것이다.

그때 지은 동국선원은 지금 수행자들의 개별 선방으로 사용되고 있고, 그 위에 새로 동국선원을 지어 〈동국선원〉 현판을 걸었다. 새로 지은 동국선원에 걸려 있는 〈동국선원〉 현판은 복제품이고 진본은 성보박물관에 보관되어 있다. 처음 지은 동국선원은 2017년 세간의 화제가 된 적이 있다. 대통령으로 당선된 문재인이 동국선원 7번방에서 공부한 뒤 사법시험에 합격했기 때문이었다.

대적광전으로도 불리는 대광명전은 법신을 형상화한 비로자나불을 주불로 모신 전각이다. 불교에서 부처님은 법신, 보신, 화신으로 표현된다. 법신은 진리 그 자체의 모습이고, 보신은 수행의 결과로 한량없는 공덕의 몸을 받은 부처님이며, 화신은 중생의 부름에 답하여 출현한 부처님이다. 그러므로 대광명전에 들어가는 모든 이들은 비로자나불의 세계에 들어가 진리와 하나가 된다는 의미를 갖는다. 이곳에서 초의선사는 추사가 해배될 때까지 간절한 기도를 했을 것이다. 중생을 제도하고 구제하는 보살행을 실천한 것이다.

불교에 남다른 관심과 해박한 지식을 갖고 있던 추사 김정희는 초의선사와 평생 동안 금란지교를 이어 갔다. 초의선사는 지기의 고난을 외면하지 않고 그의 빠른 해배를 위해 온갖 노력을 했다. 또한 그의 제자 위당 신관호와 소치 허련도 스승의 석방을 위해 온 마음을 다했다. 대흥사 대광명전은 사제 관계와 친구 관계가 특히 고난을 당했을 때 어떠해야 하는지를 보여 주는 상징적인 전각이다. 그래서 대광명전은 사람의 향기와 법의 향기가 가득한 곳이다.

명필들의 글씨가 이렇게 많다니 | 대흥사 현판

대흥사에 들어가려면 몇 개의 문을 통과해야 한다. 맨 처음 만나는 문이 산문이다. 산문은 산사의 입구에 세우는데 대개 큰 절에만 있다. 문의 형태가 일주문과 비슷해 혼동될 때가 있다. 산문에 걸려 있는 현판 〈두륜산대둔사(頭輪山大芚寺)〉는 강암 송성용이 썼다. 산문 뒷쪽에도 〈연하문(煙霞門)〉 현판이 걸려 있다. 대둔사는 대흥사로 절 이름이 바뀌기 전의 이름이다.

산문을 지나면 다른 절과 같이 일주문이 나온다. 수미산 제일 아래에서 시작되는 문이다. 불국토에 들어가기 전 마음을 하나로 모으라는 의미에서 기둥이 한 줄로 되어 있다. 대흥사 일주문에는 여초 김응현이 쓴 〈두륜산대흥사(頭輪山大興寺)〉 현판이 걸려 있다. 그 뒤쪽에는 〈선림교해만화도량(禪林敎海滿華道場)〉현판이 걸려 있는데, '선종이 숲을 이루고 교종이 바다를 메우니 모두가 어우러진 도량'이라는 뜻이다. 선(禪)과 교(敎)의 종원(宗院)으로 동국(東國) 최고의 선원이라는 자부심을 나타내고 있다. 대흥사는 지금의 절 이름이다. 절 이름의 역사를 알 수 있게 산문과 일주문에 각각 대둔사와 대흥사로 현판을 걸어 놓았다.

대흥사에는 13대 종사와 13대 강사가 배출된 근대 승보사찰의 종가집이다. 풍담스님으로부터 초의선사까지 대종사가 13명, 만화스님으로부터 범해스님에 이르기까지 대강사가 13명 배출되었다. 대종사는 선 수행을 통해 크고 깊은 통찰력을 얻은 승려를 말한다. 대강사는 교학에 대한 깊은 이해를 바탕으로 후학들을 지도한 큰 스님들을 말한다. 그래서 〈선림교해만화도량〉은 대흥사가 '선(禪)과 교(敎)의 꽃을 활짝 피운 도량'이란 자부심에서 일주문에 걸었다.

일주문 다음에는 일반적으로 사천왕문이 나온다. 수미산 중턱에서 불법을 수호하는 역할을 하는 네 천왕이 있다. 그런데 대흥사에는 사천왕문이 없다. 천관산, 선은산, 달마산, 월출산이 대흥사를 동서남북에서 감싸며 보호하고 있어서라고 한다. 그래서 세 번째로 통과해야 하는 문이 해탈문이다.

해탈문은 수미산 정상인 도리천 입구에 있는 문으로 불이문이라고도 한다. 이 문을 통과하면 불국토가 나온다. 해탈문에는 해사 김성근이 쓴 〈두륜산대흥사〉 현판이 앞쪽에, 원교 이광사가 쓴 〈해탈문〉이 안쪽에 걸려 있다. 〈해탈문〉이 앞쪽에 걸려 있어야 이 문을 들어가는 사

람이 문의 이름을 먼저 보고 의미를 생각해 볼 텐데 안쪽에 있다. 〈두
륜산대흥사〉는 일주문에도 걸려 있기에 이왕 걸려면 해탈문 뒤쪽이 어
땠을까 싶다.

해탈문을 지나면 시야가 확 트이며 넓은 마당이 나온다. 저 멀리에는
부처님이 누워 있는 모습을 하고 있는 듯한 두륜산 가련봉이 보인다.
그런데 다른 사찰에서 볼 수 있는 대웅전 같은 본전이 보이지 않는다.
왼쪽에 흐르는 금당천을 건너야 대웅보전이 나온다. 대웅보전이 있는
곳을 북원 구역이라고 부른다. 심진교를 지나면 침계루가 있고 그곳을
지나면 대웅보전이 나오고 그 좌우에 대향각과 백설당이 있다. 침계루
에는 〈침계루〉와 〈원종대가람〉 현판이 앞뒤에 걸려 있는데 원교 이광
사가 썼다.

대흥사 〈무량수각〉 현판
성보박물관에 보관되어 있다.

내 생애 한 번쯤 절 여행을 떠난다면

〈대웅보전〉현판은 원교 이광사가 썼는데, 추사 김정희와 얽힌 스토리가 있다. 백설당에는 해사 김성근이 쓴 〈백설당〉과 추사 김정희가 쓴 〈무량수각〉현판이 걸려 있다. 〈무량수각〉현판 진품은 성보박물관에 보관되어 있고 지금 걸려 있는 것은 복제품이다. 복제품이라 하더라도 추사체를 감상할 수 있는 귀한 현판이다. 백설당 맞은편에 있는 대향각에는 천안 출신 서예가 취묵헌 인영선이 쓴 〈대향각〉현판이 걸려 있다.

대흥사 〈대웅보전〉현판

대웅보전 왼쪽에는 응진당과 산신각이 한 건물에 나란히 있다. 산신각에는 초의선사가 쓴 〈산신각〉, 응진당에는 해사 김성근이 쓴 〈응진당〉 현판이 걸려 있다. 대웅보전 오른쪽에는 명부전이 있다. 〈명부전〉 현판은 해사 김성근이 썼다. 북원 구역은 원교 이광사의 글씨가 중심을 이루고 그 옆에 추사 김정희, 해사 김성근, 초의선사, 취묵헌 인영선의 글씨가 걸려 있다. 명필들의 전시장 같은 느낌을 주기에 충분한 공간이다.

심진교를 다시 건너 계단을 오르면 남원 구역이 나온다. 해탈문을 지나면 전면에 보이는 구역이 남원 구역이라 주불전이 있는 곳으로 보인다. 이 구역에서 제일 먼저 만나는 전각이 가허루다. 빈 마음을 짊어지고 사는 누각이다. 가허루는 누각인데도 모두 막혀 있고 2층이 아니라 단층이다. 대신 문지방을 땅으로부터 뜨게 만들어 누각의 느낌을 갖게 만들었다. 절묘한 건축적 장치다. 거기에 나무도 휘어져 있어 색다른 느낌과 부드러운 분위기를 준다. 〈가허루(駕虛樓)〉 현판은 창암 이삼만이 썼다. 〈가허루〉 진품은 성보박물관에 보관되어 있다.

가허루를 들어가면 전면에 천불전, 그 좌우에 용화당과 봉향각이 있다. 〈용화당(龍華堂)〉은 성당 김돈희가 썼다. 〈용화당〉 현판의 진품은 성보박물관에 보관되어 있다. 천불전은 원교 이광사가 썼다. 주지실에 걸려 있던 추사 김정희가 쓴 〈일로향실〉 현판의 진품은 성보박물관에 보관되어 있다.

추사 김정희의 그늘에 가려졌던 원교 이광사의 글씨가 북원의 중심 전각 대웅보전과 남원의 중심 전각 천불전에 걸려 있어 대흥사의 현판에서는 원교 이광사의 글씨가 빛나는 셈이다. 살아 있을 때 추사의 빛

내 생애 한 번쯤 절 여행을 떠난다면

에 가려져 있던 창암 이삼만도 남원 구역 입구에 글씨를 남겨 한 구역에서 세 명필의 글씨를 볼 수 있다.

대흥사 〈일로향실〉과 〈동국선원〉 현판
성보박물관에 보관되어 있다.

별원 구역은 대광명전 구역과 표충사 구역으로 나뉜다. 대광명전은 추사 김정희의 제자 위당 신관호와 친구 초의선사가 지은 전각이다. 〈대광명전〉 현판은 위당 신관호가 썼다. 그 옆에 있는 동국선원의 〈동국선원〉 현판은 추사 김정희가 썼다. 스승과 제자가 이웃한 전각에 현판 글씨를 남겼다.

별원에 있는 또 하나의 전각은 표충사다. 서산대사의 충절을 기리기 위해 지은 표충사에는 정조가 쓴 〈표충사〉 현판이 걸려 있고, 그 옆에는 위당 신관호가 쓴 〈어서각〉 현판이 걸려 있다. 표충사 왼쪽에는 표충비각이 있는데 〈표충비각〉 현판을 위당 신관호가 썼다. 별원 구역에는 추사 김정희와 그의 제자 위당 신관호, 그리고 왕이었던 정조의 글씨가 걸려 있다.

사찰 전각들은 전각의 이름을 현판에 새겨 걸었다. 글씨는 대체로 고승이나 유명한 서예가들이 썼다. 숭유억불 시기인 조선 시대에도 유학자가 사찰에 글씨를 남겼다. 대흥사에는 조선 시대와 근현대 내로라하는 서예가들의 글씨가 즐비하다. 명필의 향연장 같다. 불교 수행의 도량이자 문화유산이며 인류가 유지 보존해야 할 세계 문화유산이다.

차 문화의 성지 | 대흥사 일지암

암자는 큰 절에 소속된 작은 절이다. 암자에는 고승이나 노승이 수행하는 경우가 많다. 그래서인지 암자 하면 고승이 함께 떠오를 때가 많다. 영축산 통도사 극락암의 경봉스님, 가야산 해인사 백련암의 성철스님, 조계산 송광사 불일암의 법정스님, 덕숭산 수덕사 정혜사의 만공스님처럼 말이다.

두륜산 대흥사의 산내 암자인 일지암 하면 초의선사가 떠오른다. 초의선사는 40여 년간 일지암에서 수행하며 『동다송(東茶頌)』, 『다신전(茶神傳)』 등 차와 관련된 책을 집필하고 당대의 걸출한 학자인 추사 김정희, 다산 정약용과 교유하고 남종화의 대가인 소치 허련을 가르쳤다. 그래서인지 일지암은 많은 이야기의 꽃이 펼쳐지고 법 향과 문자 향이 짙게 배어 있는 곳이다.

초의선사는 1786년 전남 무안에서 태어났다. 출가 전의 이름은 장의순이다. 5세 때 물에 빠진 의순을 한 스님이 구해 준 것이 인연이 되어 15세에 나주 운흥사 벽봉 민성스님을 은사로 출가하였다. 해남 대흥사에서 완호스님을 계사로 구족계를 받고 초의라는 법호를 받았다. 화순 쌍봉사에서 금담선사로부터 선을 배우고 정진하였다.

24세 때 혜장선사의 소개로 강진에 유배 중이던 다산 정약용을 만나 교유하며 유학과 시를 배웠다. 혜장선사는 대흥사에서 수행하다 강진 백련사에서 머물 때 유배 중인 다산 정약용과 교유했던 대강백이었다. 30세 때 전주에서 창암 이삼만과 만나 시회를 갖기도 했다. 이 해에 수락산 학림사에서 평생 동안 금란지교를 이어 갔던 추사 김정희를 만났다.

초의선사는 추사 김정희를 만나 교유하면서 아름다운 이야기를 많이 남겼다. 추사 김정희가 유배라는 고난을 당했을 때 제주도까지 가서 그의 곁을 지켜 주었다. 대흥사에 대광명전을 짓고 그의 무사 석방을 발원하였다. 또한 소치 허련을 추사 김정희에게 보내 남종화의 대가로 성장하게 만들어 주었다. 특히 초의선사는 추사 김정희에게 직접 덖은 차를 보내 주었고, 추사 김정희는 〈일로향실〉, 〈명선〉 등의 글씨를 보내 주는 등 차를 매개로 아름다운 우정을 나누었다.

39세 때인 1824년 두륜산 기슭 8부 능선에 일지암을 짓고 1826년부터 그곳에서 평생을 수행하며 보냈다. 55세 때 헌종으로부터 '대각등계 보제존자초의대선사(大覺登階普濟尊者艸衣大禪師)'라는 법호를 받았다. 왕사나 국사 제도가 있던 고려시대 이후 조선 시대에 들어 임금으로부터 법호를 받은 유일한 선사였다. 불교 수행자로서 시서화에 뛰어나고 많은 유학자들과 걸림 없는 교유를 한 결과로 보인다.

1866년 세수 81세, 법랍 66세로 입적하였다. 부도전에 초의선사 승탑과 탑비가 세워져 있다. 승탑의 〈초의탑〉이란 탑명과 탑비의 〈초의대종사탑명〉은 추사 김정희의 제자이자 추사 무사 석방을 함께 발원하여 대광명전을 지은 위당 신관호가 썼다.

일지암은 초의선사가 입적한 후 화재로 소실되었는데 백여 년이 지났을 때인 1979년 승려 응송과 낭월이 폐사지를 확인하여 중건하였고, 〈일지암〉 현판이 걸려 있는 초정(草亭)은 다인들이 뜻을 모아 복원했다. 옛 모습을 살리기 위해 여수에 있던 고가의 목재를 가져와 지었다. 일지암(一枝庵)이란 이름은 중국 당나라 승려 한산의 시 "뱁새는 언제

내 생애 한 번쯤 절 여행을 떠난다면

나 한마음이기 때문에 나무 끝 한 가지에 살아도 편안하다"의 한 가지 일지(一枝)에서 따왔다. 작은 뱁새도 두 가지를 욕심내지 않고 한 가지로 자족하는 것을 보고 자신도 그렇게 살고자 일지암으로 이름 지었다고 한다.

대흥사 일지암

〈일지암〉 현판은 강암 송성용이 썼다. 일지암 기둥에는 초의선사가 지은 『동다송』의 내용을 쓴 주련이 걸려 있다. 일지암 한쪽에는 차를 우리기 위해 산에서 내려오는 물을 받아 거르는 돌확이 있다. 초록의 이끼가 두텁게 끼어 아직도 이 물로 차를 우려 마시는지 궁금했다.

대흥사 일지암은 한 고승의 수행처이자 교파를 뛰어넘어 당대의 대학자, 화가들과 교유하며 문자향이 그윽했던 곳이다. 또한 차 문화를 일으킨 한국 차 문화의 성지였다. 초의선사가 사십여 년을 이곳에서 수행하며 다선일미(茶禪一味), 다선일여(茶禪一如)를 세상에 알린 도량이었다.

차와 선은 왜 같은 맛이라고 할까. 선은 마음을 한 군데에 집중하여 고요하게 유지하는 수행법이다. 선 수행을 할 때 수행자를 가장 괴롭히는 것이 수면욕이다. 그래서 수면욕을 수마(睡魔)라고도 한다. 그런데 투명하고 맑은 찻물의 기운이 맑은 정신을 유지하고 수면욕을 줄여준다.

선불교의 선승들은 차를 마시고 맑은 정신으로 수마를 이겨내며 참선을 하여 깨달음에 이르고자 했다. 그래서 자연스럽게 차와 선이 융합되어 선차(禪茶) 문화가 형성되었다. 선차 문화는 담박한 맑음, 수수함, 자연스러움을 바탕으로 하고 형식과 겉치레를 멀리했다. 이런 문화 속에서 다선일미라는 말이 생겼다.

일지암 옆에는 초의선사가 생활하던 살림채인 자우홍련사(紫芋紅蓮社)가 있다. 연못에 네 개의 돌기둥을 쌓아 만든 누마루 건물이다. 몇 년 전 일지암에 갔을 때 법인스님이 우려 주던 차를 마시던 아름다운 추억이 있는 곳이다. 절친과 다시 찾아갔을 때 스님은 살림채에서 선정에 들었는지 고요했다. 그때처럼 이곳을 찾아오는 사람들이 마시도록 누마루에 있던 다기도 없었다. 세월 따라 변하지 않는 것은 없다.

자우홍련사에는 〈자우홍련사〉 현판과 〈만법귀일 일귀하처(萬法歸一 一歸何處)〉 현판이 걸려 있다. '모든 것은 한 군데로 돌아간다는데, 그 하나는 어디로 돌아갑니까.'라는 물음이다. 당나라 때 한 승려가 던진 이 물음에 조주선사는 "내가 청주에 있을 때 삼베 적삼 하나를 만들었는데, 그 무게가 일곱 근이었지."라고 엉뚱한 대답을 했다. 『벽암록』에 나오는 말로 조주선사가 제시한 화두다. 조주선사가 승려에게 깨우쳐 주고 싶은 것은 무엇이었을까.

대흥사 일지암의 자우홍련사

초의선사가 쓴 『동다송』은 차의 역사, 차나무의 품종, 차의 품질에 대한 내용이 담겨 있는 책으로 한국의 다경(茶經)으로 불린다. 『다신전』

에는 차 제조법, 보관법, 마시는 법, 물 끓이는 법 등 모두 22개 항목이 수록돼 있다. 한국 차 문화의 성지로 여겨지는 일지암 아래 언덕에는 야생 차밭이 있다.

다산(茶山) 정약용은 "술을 마시는 나라는 망하고, 차를 마시는 나라는 흥한다."고 했다. 차의 효능을 강조한 말일 게다. 차를 마시며 고요하게 마음을 집중하여 깨달음에 이르면 나라까지는 몰라도 적어도 나는 행복하지 않겠는가. 내가 행복하면 주위 사람에게도 행복이 전염될 테니 이것 또한 행복이 아니겠는가.

내 생애 한 번쯤 절 여행을 떠난다면

조계산 선암사
요모조모 아름다운 절

순천에 있는 두 사찰, 송광사와 선암사는 같은 듯 다른 듯한 절이다. 조계산을 사이에 두고 동쪽 기슭에 선암사가 있고, 북서쪽에 송광사가 자리 잡고 있다. 송광사는 조계종 총림사찰이고, 선암사는 태고종 총림사찰이다. 두 사찰은 중심 법당으로 들어가기 전에 신선, 도교와 관련된 다리와 누각이 있다. 송광사에는 일주문을 지나 삼청교와 우화각이 있고, 선암사에는 일주문 가기 전에 승선교와 강선루가 있다.

신선이 내려왔다 올라가는 곳 | 승선교와 강선루

선암사 승선교(昇仙橋)는 임진왜란으로 불타 버린 선암사를 중건할 때 축조했는데, 다음과 같은 전설이 전해 오고 있다. 1698년 호암스님이 관음보살의 시현을 바라며 백일기도를 하였지만, 그 기도가 효험이 없어 벼랑 아래로 몸을 던지려 할 때 한 여인이 나타나 호암스님을 구하고 사라졌다. 호암스님은 자기를 구해 주고 사라진 여인이 관세음보살임을 깨닫고 원통전을 세워 관음보살을 모시는 한편, 절 입구에 아름다운 무지개다리를 세웠다고 한다.

선암사 승선교
다리 사이로 강선루가 보인다.

승선교의 아랫부분은 길게 다듬은 돌을 연결하여 무지개 모양[홍예(虹霓)]으로 쌓아 무지개다리라고도 한다. 승선교는 상부에 가해지는 하중이 무지개 곡선을 따라 좌우 단부에 각각 압축력과 모멘트가 작용하게 되는 원리로 축조하였다. 다리 아래 무지개 모양 맨 윗부분에 용머리를 조각한 쐐기돌을 끼워 넣었다. 이 돌은 물길을 통해 선암사로

내 생애 한 번쯤 절 여행을 떠난다면

들어오는 나쁜 기운을 막는 목적이라고 한다. 청정한 불국토를 만들기
위한 상징적 조치로 보인다. 개울로 내려와 무지개 모양으로 쌓은 다
리를 보면 돌들이 만들어 내는 부드러움과 다리의 아름다움에 탄성이
절로 나온다.

선암사 강선루

무지개 모양이 만들어 내는 아름다움에 취하다 우연히 멀리 내다보면
이층 누각 하나가 시야에 들어온다. 그 누각이 강선루(降仙樓)다. 강선
루에는 두 개의 현판이 걸려 있다. 앞쪽에는 성당 김돈희가 행서체로 쓴
〈강선루〉 현판이, 뒤쪽에는 석촌 윤용구가 행서체로 쓴 〈강선루〉 현판

세계 유산으로 빛나는 절

이 걸려 있다. 묵직하고 유려한 행서와 날렵하고 정갈한 행서 현판 글씨가 앞뒤에서 강선루의 아름다움을 배가시키고 있다. 강선루는 신선이나 선녀가 내려오는 누각이란 의미이겠다. 그렇다면 승선교는 신선이나 선녀가 올라가는 다리일까. 신선이나 선녀가 강선루에 내려왔다 승선교 아래에서 목욕하고 올라가는 것일까. 아니면 그 반대일까.

그런데 신선이나 선녀는 도교적 상징인데 사찰 입구에 있다는 게 좀 의아하기도 하다. 아마 신선이나 사찰이 모두 산에 있기에 부자연스럽지는 않고 불교가 들어오면서 도교와 습합되면서 차용된 이름인 듯도 하다. 어떤 이름으로 불리든 사찰의 다리는 개울물을 건너기 위한 실용적인 목적에서 축조된 것이다. 또한 중생들이 사는 남섬부주에서 수미산 아래에 도착할 때 바다를 건너는 다리를 상징하는 조형물이기도 하다. 어찌 되었건 선암사는 절 이름에 선(仙) 자가 들어 있어 신선과 무관하지는 않은 것 같다.

송광사 우화각은 삼청교 위에 세웠기 때문에 다리와 누각이 일체형이다. 우화각은 1층이지만 다리가 1층을 형성한다고 하면 2층이 된다. 그래서 삼청교를 건너는 것은 우화각을 통과하는 것이 된다. 선암사 강선루는 승선교 아래를 흐르는 개울이 아니라 다른 곳에서 흘러내리는 조그만 개울 위에 세웠다. 그 개울 위 다리가 선원교(仙源橋)다. 강선루는 선원교 위에 세운 2층 누각 형태이기 때문에 2층 아래로 통과하면 된다. 이렇게 선암사 승선교와 강선루는 떨어져 있어 독립적이다. 그런데도 승선교와 강선루는 이름이나 위치상으로 보더라도 묘하게

내 생애 한 번쯤 절 여행을 떠난다면

조화를 이루고 있다.

　승선교의 아름다움을 가까이에서 보고 싶어 개울 아래로 내려갔다. 무지개 모양의 공간을 통해 강선루가 보였다. 승선교와 강선루를 요리 보고 조리 보며 사진을 찍고 한참을 있었다. 혹시 강선루에 신선이나 선녀가 내려오길 기다린 것은 아닐까. 아니면 송광사 우화각처럼 우화등선하고 싶은 마음이 생겼을까. 승선을 하든 강선을 하든 다리부터 제대로 건너야 한다. 그 다리는 이쪽에서 저쪽으로 가는 뗏목이기 때문이다. 승선교의 아름다움에 너무 취하기 전에 강선루로 발길을 옮겼다.

연못에도 깊은 뜻이 ｜ 삼인당

　선암사 일주문에 들어가기 전 오른쪽에 평범한 연못이 하나 있다. 절집에 연못이 있을 경우 대개 연꽃을 심은 연못인데 이 연못에는 연꽃이 없다. 긴 알 모양의 연못인데 그 안에 섬이 있는 독특한 양식의 연못이다. 이 연못을 삼인당(三印塘)이라 하는데, 862년 도선국사가 축조한 것이라 한다. 삼인당은 세 가지[三] 변하지 않는 진리[印]를 나타내는 연못[塘]이란 뜻이다. 삼인(三印)은 불교에서 말하는 세 가지 불변하는 진리의 표식, 즉 삼법인을 말한다. 존재하는 것들은 예외 없이 이 세 가지 특성을 갖는다는 것이다.

선암사 삼인당

　삼법인은 불교의 특징을 나타내는 대표적인 말이다. 그래서 삼법인은 불교를 다른 종교와 구별되는 기준이 되는 근본 교리 중 하나다. 삼법인은 제행무상(諸行無常), 제법무아(諸法無我), 일체개고(一切皆苦)를 말한다. 제행무상과 제법무아는 존재하는 것들의 특성이지만 일체개고는 존재의 무상을 통해 느끼는 감수 작용이다. 그래서 일체개고 대신 열반적정(涅槃寂精)을 넣어 삼법인이라고도 한다. 그럼 삼법인의 의미는 무엇일까.

　제행무상은 '모든 조건 지어진 것들은 변한다.'는 뜻이다. 여기서 조건 지어진 것이란 연기적 존재를 의미한다. 따라서 제행무상은 모든

　내 생애 한 번쯤 절 여행을 떠난다면

연기적 존재는 예외 없이 변한다는 것이다. 모든 것은 고정되어 있지 않고 쉼 없이 흘러간다. 인간의 생로병사가 이를 극명하게 보여 준다. 우주도 생겨나서 머물다가 파괴되어 허공 속으로 돌아가지 않는가.

제법무아는 '모든 조건 지어진 것들은 실체가 없다.'는 것이다. 제법무아에서 제법은 모든 가르침이란 뜻이 아니라 '이 세상에 존재하는 모든 것들'이란 뜻이다. 모든 존재는 연기적 존재로, 조건에 따라 변하기 때문에 그 변화 속에서 변하지 않는 실체는 없다는 것이다. 즉 모든 것들은 고정 불변하며 실체가 없다는 것이다. '나'라는 존재도 조건에 따라 시시각각 변하는 존재하는 '나'가 있을 뿐이지 '나'라고 할 만한 실체는 없다는 것이다. 행위만 있지 실체는 없다.

제행무상이기 때문에 생로병사의 고통, 사랑하는 사람과 헤어지는 고통 등 모든 것이 고통이라는 것이다. 이를 일체개고라고 한다. 또한 제행무상과 제법무아의 진리를 인정하지 않기 때문에 고통이 발생한다. '나'와 '나의 것'에 대한 집착으로 고통이 발생한다. 그래서 불교에서는 집착을 끊으라고 가르친다. 마음을 비우고 내려놓으라는 것도 집착을 버리라는 것이다.

제행무상과 제법무아의 진리를 깨달은 사람은 모든 괴로움과 번뇌가 사라져 고요하고 편안한 상태에 이르는데 이를 열반적정이라고 한다. 열반이란 산스크리트어 니르바나(nirvāṇa)의 음역으로 불을 훅 '불어서 끈 상태'를 말한다. 모든 존재와 세계의 본질이 무상하고 무아인데 이를 인정하지 않고 변하지 않는 '나'라는 실체가 있다고 집착함으로

써 고통과 번뇌가 일어난다. 진리를 인정하고 집착에서 벗어날 때 번뇌로 타오르는 '불꽃이 꺼진 상태'인 열반에 이르게 된다. 열반은 고요하고 평화로운 상태이기에 적정(寂精)하다고 한다.

선암사 삼인당은 사찰 연못에 흔히 있는 연꽃 한 송이 없는 평범한 물웅덩이로 보이기도 하지만 이 연못 이름이 삼인당이라는 것을 알게 되면 새롭게 보인다. "아는 만큼 보이고, 그때 보이는 것은 전과 같지 않으리라."고 하지 않는가. 삼인당 앞에서 걸음을 잠시 멈추고 삼인당의 의미를 숙고하면 일주문 앞에서 마음을 하나로 모으기가 쉬울 것이다. 그 마음 자세로 일주문을 지나면 곧바로 대웅전 앞에 도착한다.

삼인당 맞은편에는 하마비가 있다. 이곳에서는 지위고하를 막론하고 누구나 말에서 내리라는 것이다. 지금은 차에서 내리라는 의미일 텐데 이곳에 오기 전 주차장에 세워 놓았으니 무엇을 내려놓을 것인가. 이곳에서는 분별 의식, 집착 등 번뇌를 일으키는 모든 것들을 내려놓으라는 것이 아닐까 싶다. 사찰에 있는 것은 어느 것도 그냥 있는 것이 아닌 것 같다.

선암사 일주문 현판 이름이 바뀐 사연 | 일주문

선암사는 527년 백제 아도화상이 지금의 비로암터에 창건하였고 절 이름을 청량산해천사(淸凉山海川寺)라고 하였다. 절 서쪽에 신선이 바

내 생애 한 번쯤 절 여행을 떠난다면

둑을 두던 평평한 바위가 있어 '선암사'라 이름 붙였다는 전설이 있다. 승선교와 강선루라는 이름을 지은 것과도 관련 있는 듯하다.

통일신라 말 도선국사는 비로암터에 있던 해천사를 지금의 위치로 옮겨 중창하였으며 철불 1좌, 보탑 2기, 승탑 3기를 세웠다. 고려 시대 대각국사 의천이 대각암에 주석하면서 중창하였다. 조선 시대 정유재란 때 큰 피해를 당한 이후 여러 차례 화재로 소실되고 중창하였다. 그 과정에서 절 이름도 조계산 선암사로, 18세기 중엽 다시 청량산 해천사로 바뀌었다. 청량산 해천사로 절 이름을 바꾼 것은 화재 예방을 위한 조치로 보인다. 1824년 해붕스님이 눌암스님, 익종스님과 함께 해천사를 중창하고 조계산 선암사로 이름을 바꾼 후 지금에 이르렀다.

해붕스님은 순천 출신으로 선암사로 출가하여(당시는 해천사) 묵암 최눌선사의 제자가 되었다. 선교 양종에 깊은 식견을 갖고 있었고 문장이 뛰어나 '승가의 문장가'로 불렸으며 덕망도 높았다. 그는 선암사에 이어져 내려온 전통 다맥(茶脈)의 제6대 전승자이기도 했다. 그는 노질·이학전·김각·심두영·이삼만·초의선사 등과 함께 호남의 사대부와 더불어 학문과 풍류를 아는 호남칠고붕(湖南七高朋)의 한 사람으로 이름을 날렸다. 해붕스님이 선암사를 떠나 잠시 서울 수락산 학림사에 주석하고 있을 때 대흥사 초의선사도 그곳에서 머물며 해붕스님으로부터 불법과 다도에 대해 많은 영향을 받았다.

1815년 해붕스님이 학림사에 머물고 있다는 소식을 들은 추사 김정희가 학림사에 와서 해붕스님과 불교의 공(空)과 깨달음[覺]에 대해 격한 논쟁을 했다. 이 논쟁은 또한 추사 김정희와 초의선사가 처음으로 만나 평생지기가 되는 계기가 되었다. 해붕스님은 이후 그가 출가하고 중창했던 선암사로 돌아와 화재로 소실된 절을 중창한 후 1826년 입적하였다. 추사 김정희는 해붕과의 논쟁이 인연이 되어 해붕이 입적한 후 그의 제자들의 부탁으로 1856년 〈해붕대사화상찬〉을 써주었다. 초의선사도 1861년 〈제해붕대사영정첩〉에 발문을 썼다.

지금 일주문 앞쪽에는 〈조계산선암사(曹溪山仙巖寺)〉 현판이 걸려 있다. 그런데 일주문 뒤쪽에는 안택희가 쓴 〈고청량산해천사(古淸凉山海川寺)〉 현판이 걸려 있다. 예전에 이 절이 청량산해천사였다고 알려 주는 현판이다. 지금은 과거보다 화재 예방 기술이 발달되어 있지

선암사 일주문

내 생애 한 번쯤 절 여행을 떠난다면

만 대부분 목재로 지은 전각을 화재로부터 예방하기 위한 마음을 모아 걸어 놓은 조치로 보인다. 두 현판은 지금의 조계산 선암사의 역사를 말해 주는 비밀 코드 같았다.

선암사 일주문은 좌우로 담이 쌓여 있어 본전으로 가려면 일주문 두 기둥 사이로 들어가야 한다. 일주문 높이는 다른 절 일주문보다 낮다. 고개 한 번 들어 보고 들어가야 한다. 불국토로 들어가는데 조심하지 않으면 되겠는가. 선암사 일주문 앞에서 선암사의 역사와 해붕스님, 초의선사, 추사 김정희의 아름다운 인연이 떠올라 마음이 따뜻해졌다.

선불교 전파의 의지가 담긴 곳 | 만세루

선암사 만세루는 대웅전과 마주 보고 있어 들어서는 방향은 뒷면이며 누각 아래 통로로 들어가지 않고 좌우로 돌아서 들어가면 대웅전 앞마당이 나온다. 만세루에는 들어가는 쪽 지붕 아래에 〈육조고사(六朝古寺)〉 현판이 걸려 있다. 초조 달마대사가 일으킨 선불교를 중흥시킨 육조(六祖) 혜능스님의 법통을 이어받아 선불교를 널리 전파하는 오래된 사찰[고사(古寺)]이란 뜻이다.

육조 혜능스님이 주석한 보림사가 조계산에 있었던 것처럼 선암사도 조계산에 위치한 묘한 인연을 기리기 위해 쓴 것이라고 알려지고 있다. 그런데 육조(六祖)를 뜻하는 한자가 육조(六朝)로 되어 있어 그 자

선암사 만세루

〈육조고사〉현판이 걸려 있다. 대웅전 쪽에는〈만세루〉현판이 걸려 있다.

세한 연유가 궁금하다. 글씨는 서포 김만중의 부친 김익겸이 썼다. 대
웅전 쪽에는〈만세루〉현판이 걸려 있다. 만세루(萬歲樓)는 부처님의
설법이 만세를 누린다는 뜻이다. 진리를 깨우치는 설법이 인간이 존재
하는 곳곳마다 오래도록 있다는 건 큰 행운이다.

육조 혜능스님은 세 살 때 아버지를 여의고 집이 가난하여 땔나무를
팔아서 어머니를 봉양했다. 어느 날 장터에서『금강경』읽는 소리를 듣
고 크게 깨달았다고 한다. 그가 들었던 구절은 '응무소주 이생기심(應
無所住 而生起心)'이다. '마땅히 집착 없이 그 마음을 내어야 한다.'는
뜻이다. 그 앞 구절은 '형색, 소리, 냄새, 맛, 감촉, 마음의 대상에도 집
착하지 않고 마음을 내어야 한다.'이다. 눈, 귀, 코, 혀, 몸, 뜻이 인식하
는 대상에 집착하지 않아야 한다는 가르침이다. 대상에 집착하는 순간

내 생애 한 번쯤 절 여행을 떠난다면

갈애(渴愛)가 생기고 그로 인해 번뇌가 일어나기 때문이다.

그 후 그는 황매산에 있는 오조 홍인스님 문하의 행자로 들어가 8개 월여 동안 디딜방아 찧는 일을 했다. 마침 홍인스님이 의발을 전할 제 자를 정하기 위해 제자들에게 게송을 지어오게 했다. 홍인스님의 수 제자 신수스님이 지은 게송을 보고 행자 혜능도 게송을 지어 벽에 붙 였다. 신수스님과 행자 혜능이 지은 게송을 보고 홍인스님은 혜능에게 의발을 전하고 그날 밤 절을 떠나라고 했다. 혜능은 남쪽으로 가서 전 법을 펼치니 그가 바로 육조 혜능스님이다. 그 후 혜능의 제자들이 선 의 황금기를 이루면서 통일신라 말에 우리나라에도 선종이 들어와 9산 선문을 형성하고, 오늘의 한국 불교의 주류를 형성하고 있다. 당시 신 수가 지은 게송은 다음과 같다.

몸은 깨달음의 나무
마음은 밝은 거울과 같네
때때로 부지런히 털고 닦아서
티끌과 먼지가 묻지 않게 하리

身是菩提樹 心如明鏡臺 時時勤拂拭 莫使有塵埃
(신시보리수 심여명경대 시시근불식 막사유진애)

이 게송을 보고 혜능이 지은 게송은 다음과 같다.

깨달음은 본래 나무가 없고

밝은 거울 또한 받침대가 없네

본래 한 물건도 없는데

어디에 티끌과 먼지가 있겠는가

菩提本無樹 明鏡亦無臺 本來無一物 何處有塵埃

(보리본무수 명경역무대 본래무일물 하처유진애)

신수는 수행을 통해 먼지(번뇌)를 제거해야 한다는 것이다. 그런데 혜능은 본래 제거해야 할 먼지(번뇌)가 없다는 것이다. 언뜻 보면 신수의 말이 옳은 것 같다. 그런데 오조 홍인스님은 자기의 의발을 이어받을 육조로 정식 스님도 아닌 행자 혜능을 지목한다. 왜 그랬을까. 혜능이 말한 '본래무일물'은 본디 아무것도 없는 청정한 마음의 상태를 말한다. 본질적으로 볼 때 번뇌는 없다는 것이다. 그럼 먼지(번뇌)를 닦아내는 수행을 할 필요가 없다는 것인가. 이 말을 화두로 삼은 수많은 사부대중들이 만세루에서 귀를 기울이고 가르침을 들었을 것이다.

만세루는 원래 강당으로 학승들에게 강학을 하는 전각이다. 원래 강당은 금당 즉 법당의 뒤쪽에 있었으나 조선 시대에 대웅전 앞으로 옮겨졌다. 예불 시 대부분 스님들만 대웅전에 들어가고 우바새, 우바이 즉 재가 불자들은 강당에서 예불에 동참하였다. 지금은 그런 구분 없이 스님이나 재가 불자 모두 대웅전에 들어가서 예불을 올리는 것으로 바뀌었다.

만세루 앞에는 단청도 흐릿하게 지워지고 주련도 없는 대웅전이 있다. 대웅전은 정면 3칸인데 그중 가운데 칸은 머름으로 막아 놓아 드나들 수가 없게 하였다. 다른 절에서 이 문은 어간문으로 스님들만 출입하고 있는 것과 비교된다. 대웅전 안 석가모니불 좌우에는 다른 절 대웅전과 달리 협시보살이 없다. 이렇게 선암사 대웅전에는 다른 사찰과는 다르게 주련, 협시보살, 어간문 세 가지가 없다. 그래서 세간에서는 선암사에는 세 가지가 없다고도 말한다. 없는 것 세 가지에 사천왕문이 없다는 것을 드는 사람도 있다.

선암사 대웅전

〈대웅전〉 현판은 순조의 장인 김조순의 글씨다. 해서체로 쓴 글씨는 반듯하고 힘이 들어가고 꽉 찬 느낌을 준다. 일반적으로 법당의 현판에는 글씨를 쓴 사람의 관지나 낙관을 하지 않는 것이 관례인데, 선암사 〈대웅전〉 현판 오른쪽 위에는 '김조순서'라는 글씨가 새겨져 있다. 임금만이 할 수 있는 낙성관지를 새겨 넣은 것이다. 당시 세도가 김조순의 영향력이 어떠했는지를 가늠해 볼 수 있는 사례다. 대웅전 뒤 원통전에 순조가 쓴 〈인(人)〉, 〈천(天)〉, 〈대복전(大福田)〉 현판이 걸려 있는 것과 묘한 대조를 이룬다.

선암사 만세루와 대웅전은 단청 등 화려한 장엄이 없는 무덤덤한 전각이다. 그래서 세인들은 다른 절과 비교해 무엇이 없는 절이라는 특징을 밝혀내곤 한다. 자세한 연유는 모르겠지만 수행하는 데 화려한 장식은 어쩌면 신수가 닦아 내야 한다고 한 먼지일지도 모른다. 선암사 스님들은 본래 한 물건도 없는 청정한 불국토를 이곳에 세우고 싶어 했는지도 모른다. 선암사 〈육조고사〉 현판을 보며 신수와 혜능의 계송을 음미해 보는 것은 어떨까. 〈대웅전〉 현판을 보며 인간의 명예와 권력에 대한 욕구도 함께.

기도의 효험 | 원통전

선암사 원통전은 승선교를 축조하게 되는 전설처럼 1698년 호암스님이 백일기도에도 관세음보살을 친견하지 못하자 벼랑에서 몸을 던졌는데 이때 관세음보살이 나타나 받아 주시니 이에 감동하여 원통전

을 지었다고 한다. 원통전의 원통은 '막힘없이 두루 원만하게 통한다.'
는 의미의 '주원융통(周圓融通)'에서 따왔다. 그래서 원통전은 두루 원
만하게 통하는 자비를 구하는 곳이다. 원통전은 관세음보살을 모신 전
각으로 관음전, 보타전이라고도 한다.

　관세음보살이 누구이기에 이런 신기한 일이 일어나는가. 불자가 아
닌 사람들은 믿기 어려운 일이다. 하지만 중요한 시험을 앞두고 있거
나 중병으로 고생하는 등 큰일을 앞에 두고 간절한 마음으로 기도하는
것은 지금도 여전한 인간의 심성에 내재해 있는 것 같다. 많은 종교가
타력 신앙이라는 면에서도 이를 알 수 있다. 자력 신앙이라는 불교에
도 관세음보살이나 아미타불에 염원하는 타력 신앙의 측면이 있다.

　관세음보살(觀世音菩薩)은 구마라집스님이 산스크리트어 아발로키
테스바라(Avalokitesvara)를 한자로 번역한 것이다. 이를 현장스님은
관자재보살(觀自在菩薩)로 번역했다. 아발로키테스바라에는 자리적
인 수행과 이타적인 전법의 두 가지 뜻이 있다. 구마라집스님은 중생
교화의 이타행(利他行), 현장스님은 자리(自利) 수행에 비중을 두고 번
역한 것이다. 관세음보살을 줄여서 관음보살로도 부른다.

　'관세음'이란 세음 즉 세상의 소리를 관(觀)한다는 뜻이다. 세상에 살
고 있는 '중생의 고통을 모두 듣고 관찰하여 그 고통을 구제한다.'는 의
미다. '관자재'란 자유자재하게 세상을 관(觀)한다는 의미다. 어떤 것에
도 속박되지 않고 자세히 보는 지혜를 강조하였다. 관(觀)은 본다는 의
미의 한자인데, 단순히 보는 것이 아니라 마음의 눈으로 자세히 본다는

뜻이다. 사찰에서 예불을 올릴 때는 관자재보살로 시작하는 현장스님이 번역한『반야심경』을 독송한다. 하지만 일반적으로 관자재보살보다는 관세음보살을 많이 사용한다.

관세음보살이 있는 곳을 산스크리트어로 포탈라카(potalaka)라고 한다. 포탈라카는 인도 동남쪽 해안가에 있는 산이다. 포탈라카는 한자로 음역하여 보타락가(補陀洛迦)라고 한다. 보타락가가 산이기 때문에 보타락가산으로 부른다. 줄여서 보타산, 낙가산, 낙산 등으로 부른다. 우리나라 4대 관음성지 중 하나인 양양 낙산사 절 이름도 보타락가산을 줄인 낙산에서 따왔다. 보타락가산이 해안가에 있듯이 우리나라 관음성지인 양양 낙산사, 남해 보리암, 여수 향일암, 강화 보문사도 해안가에 있다.

관세음보살은 석굴암 십일면관음보살, 천 개의 팔과 손 그리고 손바닥에 눈이 달려 있는 천수천안관세음보살 등 여러 모습을 하고 있다. 대승불교 중요 경전인『법화경』의「관세음보살보문품」을 따로 떼어『관음경』이라는 독립된 경전으로 취급할 정도로, 관세음보살은 보살의 위상임에도 단독으로 널리 신앙되었다.

관세음보살이 현세의 고통을 없애 주는 보살이기 때문에 민중들 사이에서 널리 신앙되어 왔다. 우리나라에서는 통일신라 때 원효대사가 퍼트린 '나무아미타불 관세음보살' 경문으로 익숙해진 이래 관음 신앙이 중요한 신앙이 되었다. 요컨대 관세음보살은 중생들의 소리를 듣고 괴로움을 없애 주거나, 소원을 들어주는 보살이다. 관세음보살은 중생

내 생애 한 번쯤 절 여행을 떠난다면

들의 소리를 듣고 원래 모습으로 나투기도 하지만, 보통 중생의 근기에 맞게 아이, 노인, 여인 등 다양한 모습으로 변해서 나타난다.

선암사 원통전

선암사 원통전을 짓기 전에 호암스님이 백일기도를 드린 후 관세음보살이 나타났다. 이런 사연과 비슷한 일이 100여 년 뒤에도 일어났다. 정조 13년(1789), 임금이 후사가 없자 눌암스님이 원통전에서, 해붕스님이 대각암에서 100일 기도를 하여 1790년 순조 임금이 출생하였다. 관세음보살에게 기도하여 소원을 이룬 것이다. 순조는 즉위 후 이에 대한 보답으로 선암사에 〈인(人)〉, 〈천(天)〉, 〈대복전(大福田)〉 현판과 은향로, 쌍용문가사, 금병풍, 가마 등을 하사하였다.

선암사 원통전 안 〈대복전〉 현판
조선 시대 순조 임금이 썼다. 순조가 함께 써서 하사했다는
〈인〉과 〈천〉 현판은 성보박물관에 보관되어 있다.

〈대복전〉 현판은 크고 굵직하고 소박하게 썼다. 고마움을 표현하는
순조의 마음이 느껴지는 현판이다. 복전(福田)은 곡물을 자라게 하는
논밭처럼 불법의 참된 신앙이 복덕을 얻게 해 준다는 뜻으로 복밭이라
고 한다. 청정한 마음으로 간절히 관세음보살에 기도하여 전륜성왕이
태어났으니 큰 복덕을 얻은 것이다. 말 그대로 대복전이다. 복밭에 청
정한 복덕의 씨앗을 많이 뿌릴 일이다.

내 생애 한 번쯤 절 여행을 떠난다면

담장에 핀 꽃의 유혹 | 선암매

봄철이 다가왔음을 알리는 꽃이 많은데 매화도 그중 하나다. 봄이 오는 초입에 야외로 나가면 매화를 흔히 볼 수 있는데 예로부터 사람들의 발길을 사로잡는 매화가 있다. 이른바 전국 4대 매화라던가. 강릉 오죽헌 율곡매, 구례 화엄사 들매, 장성 백양사 고불매, 그리고 순천 선암사 선암매다. 율곡매를 제외하면 세 곳이 모두 남도의 절집에 있는 매화다. 불자가 아니더라도 매화가 피는 시절이 오면 세 곳은 상춘객들로 붐빈다.

선암사 매화는 삼성각 앞의 와송과 함께 심었다고 한다. 원통전 뒤에 있는 600여 년 된 백매와 각황전과 무우전 돌담길의 홍매 두 그루는 2007년 천연기념물로 지정되었다. 선암매는 매실을 수확하기 위해 들여온 외래종이 아니라 꽃을 보기 위한 토종이다. 돌담길을 따라 피어나는 홍매화는 수령이 350~600년이 되었다고 한다.

매화는 선비들이 좋아한 꽃으로 매화를 소재로 시를 쓰고 그림을 그렸다. 유학자인 퇴계 이황은 '참으로 매화를 아는 사람[진지매자(眞知梅者)]'이라고 자신을 칭하며, 세상을 뜰 때 매화분에 물을 주라는 당부를 남겨 놓을 정도로 매화 사랑이 각별했다. 꽃마다 꽃말이 있는데 매화는 맑은 마음, 고결, 기품, 미덕, 인내 등이라고 한다. 또한 매화는 군자의 지절을 상징한다. 그래서인지 매화는 소나무, 대나무와 함께 엄동설한을 이겨 내는 세한삼우(歲寒三友)로 불린다.

늙은 매화 한 그루만 있어도 그 향이 천리를 간다는데 수십여 그루의 매화가 향기를 내니 그곳으로 가지 않을 자신이 없다. 오래 전 선암사 매화에 매혹되어 책상에 매화를 놓고 지낸 적이 있다. 그윽한 향기에 취하지 않을 재간이 없다. 하지만 수백 년 동안 한 곳에 뿌리를 내리고 시절 인연이 닿으면 꽃을 피우고 향기를 내뿜는 늙은 매화에 비길 수 있을까. 그래서인지 매화를 그리는 사람들은 대부분 늙은 매화를 그린다. 오만 원권 지폐에도 늙은 매화 한 그루가 그려져 있지 않은가.

전국 4대 매화 중 세 곳이 사찰인 것으로 보아 스님들도 매화를 사랑했던 것 같다. 적막강산 속 사찰에서 일념으로 깨달음을 추구하는 수행자들에게는 불퇴전의 정진과 청정한 마음가짐이 필수였을 것이다. 팔만사천법문에서 나오는 법향과 오래된 고매에서 풍기는 매화향이 어우러질 때면 선암사에는 아마 신선과 선녀가 내려올 것 같다. 매화는 아름다우니 보고 싶고, 그윽한 향기는 참으로 오묘하니 향기 나는 곳으로 발길이 옮겨지지 않겠는가.

선암사 매화는 600여 년의 세월 동안 목탁 소리와 염불 소리 그리고 법문을 듣고 한결같이 그 자리에서 인연이 될 때마다 꽃을 피우고 향기를 내고 있다. 비, 바람, 기온 등에 따라 화려하게 피기도 하고 덜 피우기도 한다. 그냥 있는 그대로 받아들이고 있는 그대로 드러낸다.

그래서 선암사 매화는 수행자들과 자연의 합작품인지도 모른다. 수행자의 치열한 수행과 알맞은 기후가 어우러진 시절에는 화려하게 매

선암사 선암매

화꽃이 피는 것은 아닐까. 수행자들은 매화꽃을 보며 정진하는 자신들을 되돌아보지 않을까 싶다. 다만 상춘객들은 꽃의 화려함만 보려 하고 덜 피었을 때는 실망하고 돌아갈 것이다.

선암사에 갔을 때는 마침 매화가 꽃을 피운 지 한 계절이 지난 때였다. 화려한 꽃은 볼 수 없고 매혹적인 향기는 어디로 갔는지 맡을 수 없었다. 대신 녹색 잎과 열매가 유월의 햇살을 받아 빛나고 있었다. 저 열매 속에 꽃이 들어 있을까. 꽃은 어디로 갔는가. 꽃을 보려면 세 철을 지나야 한다. 그때 피는 매화는 한 철 전에 핀 매화와 같을까 다를까.

걱정을 버리는 것이 도 닦는 거야 | 선암사 해우소

선암사에서 관람객의 눈길을 끄는 세 가지가 있다. 승선교와 선암매 그리고 뒷간이다. 뒷간은 화장실인데, 반세기 전까지만 하더라도 측간(厠間), 변소 등 다양하게 불려 왔다. 사찰에서는 동사(東司) 특히 해우소라고 많이 부른다. 뒷간을 해우소라고 최초로 이름을 붙인 사람은 통도사 극락암에 오랫동안 주석했던 경봉스님이다. 그는 6·25 전쟁이 끝난 후 극락암의 변소 이름을 새롭게 지었다. 소변을 보는 곳을 휴급소(休急所), 대변을 보는 곳을 해우소(解憂所)라고 개명했다.

극락암에서 수행하던 스님과 신도들이 뒷간 이름을 바꾸게 된 이유를 궁금해하자 경봉스님은 어느 날 법문에서 그 사유를 밝혔다.

"세상에서 가장 급한 것은 바로 자기 자신이 누구인지 찾는 일이야. 그런데 중생들은 급한 일은 잊어버리고 바쁘지 않은 것은 바쁘다고 해. 휴급소라고 이름한 것은 쓸데없이 바쁜 마음 쉬어가라는 뜻이야. 그리고 해우소라고 한 것은 쓸데없는 것이 뱃속에 있으면 답답하고 근심 걱정이 생기는데, 그것을 다 버리라는 거야. 휴급소에 가서 급한 마음 쉬어가고 해우소에서 걱정을 버리면 그것이 바로 도를 닦는 거야."

해우소는 말 그대로 '근심 걱정을 버리는 곳'이란다. 그곳에 가면 번

내 생애 한 번쯤 절 여행을 떠난다면

뇌를 내려놓으라는 법문이다. 서산 개심사에 가면 눈길이 가지 않는 곳에 뒷간이 있다. 그곳에 가면 '입측오주'란 제목으로 좀 긴 글이 붙어 있다. 입측오주란 뒷간에서 외우면 몸과 마음이 깨끗해지는 다섯 가지 진언이다. 입측진언(入厠眞言), 세정진언(洗淨眞言), 세수진언(洗手眞言), 거예진언(去穢眞言), 정신진언(淨身眞言)이 그것이다. 해우소에서 몸과 마음을 청결히 하는 진언을 외우면 경봉스님 법문대로 걱정이 잘 풀릴까.

그중 입측진언은 "버리고 또 버리니 큰 기쁨일세. 탐진치 어둔 마음 이같이 버려 한 조각 구름마저 없어졌을 때 서쪽에 둥근 달빛 미소 지으리. 옴 하로다야 사바하."라고 독송한다. 세수진언은 "활활활 타는 불길 물로 꺼진다. 타는 눈 타는 경계 타는 이 마음 맑고도 시원스런 부처님 감로 화택을 건너뛰는 오직 한 방편. 옴 주가라야 사바하."라고 독송한다.

지금 남아 있는 해우소 중 유명세를 탄 곳이 선암사 뒷간이다. 답사기와 시로 대중적 인기를 누리는 유홍준과 정호승 덕분이다. 유홍준은 선암사 제1의 보물이 뒷간이라고 했고, 정호승 시인은 「선암사」란 시를 썼다. 정호승은 "눈물이 나면 기차를 타고 선암사로 가라/ 선암사 해우소로 가서 실컷 울어라 (…) 눈물이 나면 걸어서라도 선암사로 가라/ 선암사 해우소 앞 등 굽은 소나무에 기대어 통곡하라"고 해우소를 깊은 감성 언어로 표현했다. 근심과 슬픔으로 힘이 들어 울음이 나올 때 선암사 해우소에 가면 근심과 슬픔이 덜어진다는 것인가.

선암사 해우소

선암사는 세계 문화유산으로 지정되었으니 뒷간도 세계 문화유산이 되었다. 그리고 지방문화재 214호로 지정되었다. 사람들이 들어가기 꺼려 하는 해우소가 지방문화재와 세계 문화유산으로 지정되었으니 선암사에 가면 밖에서라도 꼭 보고 올 일이다.

초기불교에서 수행자들은 부정관(不淨觀) 명상을 했다. 32가지 몸의 부위에 대해 관찰하여 살아 있는 자신의 몸에서 부정함을 보거나, 시체의 부패 과정을 보면서 몸의 부정함을 관찰한다. 부정관 명상은 몸에 대해 집착하는 마음을 자각하여 괴로움의 근본 원인인 갈애의 잠재 성향을 제거하기 위한 것이다. 오늘날 부정관을 하기는 쉽지 않다. 혹시

내 생애 한 번쯤 절 여행을 떠난다면

선암사 뒷간에서는 잠시나마 부정관 명상을 할 수 있을지도 모른다. 그곳에서 스님은 입측진언을 독송하고 일반 대중은 정호승의 시를 읽으면 조금이나마 근심이 풀어질까.

태백산 부석사
절이 저절로 지어질 리 없다

우리나라 최고의 절은 어디일까. 묻는 것도 우스꽝스럽지만 질문의 요지가 정확하지도 않다. 그러나 이 질문은 답하는 사람의 경험이나 취향 등에 따라 다양한 답과 그 근거가 나올 것이다. 삼십여 년 전 건축가들에게도 비슷한 질문을 했다고 한다. 그때 1위가 영주 부석사였다. 건축가들이기에 부석사 전각의 구조적 아름다움이나 주변 환경과의 어울림 등 꽤 설득력 있는 근거들을 제시했다고 한다.

이보다 일반 대중들에게 부석사를 각인시킨 사람은 최순우였다. 그는 한국의 건축, 공예 등에 대한 심미안적 관찰 결과를 쓴 자신의 책 제목을 『무량수전 배흘림기둥에 기대서서』로 했으니 더 말해 무엇 하랴. 그 뒤 부석사는 한 번쯤 가 봐야 할 절로, 무량수전 기둥은 한 번 만져 보고 그 옆에 기대 봐야 하는 것으로 여겨졌다. 요즘 말로 부석사는 핫플레이스였다.

그런데 부석사는 고려 시대와 조선 시대 양반 사대부들에게도 영감을 주는 곳이었다. 고려 시대에는 일연이 『삼국유사』 제4권 '의해' 편에서 의상스님이 부석사를 창건한 내용을 서술하고 시를 남겼다. 조선 전기에는 최고의 성리학자였던 이황이 부석사를 방문하고 시를 썼고, 조선 후기에는 방랑 시인 김병연이 시를 썼고 이중환은 『택리지』에서 부석사에 대한 내용과 두 편의 시를 남겼다. 이외에도 많은 문인들이 부석사를 방문하고 시를 남겼다.

현대에 와서는 시인, 소설가, 학자들이 부석사를 소재로 많은 시와 소설, 그리고 답사기와 연구서를 썼다. 그럼 "우리나라 최고의 절집은 어디일까?"라는 질문에 "영주 부석사."라고 답해도 무리는 아닐 것이다. 여기에 세계 문화유산으로 지정되었으니 명실상부하게 되었다. 그러나 최고의 사찰이라 해도 그냥 둘러보기만 하면 여느 절집과 비교해 큰 차이를 못 느끼게 될 것이다. 부석사 누리집이나 블로그 등을 읽어 보고 가면 조금 이해될 것이다. 왜 사람들이 최고의 절집으로 부석사를 드는지를. 나도 그중의 한 명이다.

시인 정호승은 「그리운 부석사」란 제목의 시에서 느닷없이 "사랑하다가 죽어버려라"고 도발적으로 말한다. 두 번째 연에서는 "기다리다가 죽어버려라"고 긴장을 풀지 않는다. 두 시구 뒤에 각각 '비로자나불'과 '아미타불'을 넣어 부석사가 화엄종, 정토신앙과 관련 깊은 절집임을 암시한다. 나머지 연에서 시인은 부처님께 마지(摩旨)를 올리지 못하면서 "절 하나 지었다 부수네"라고 중생의 마음을 노래하고 있다. 마지는 절집에서 사시에 부처님께 올리는 밥을 말한다.

정일근은 「부석사 무량수전 앞에서」를 "어디 한량없는 목숨 있나요/

저는 그런 것 바라지 않아요/ 이승에서의 잠시 잠깐도 좋은 거예요"라고 시작하더니 "무량수전의 눈으로 본다면/ 사람의 평생이란 눈 깜짝할 사이에 피었다 지는/ 꽃이어요"라고 노래한다. 그러면서 "사라지는 것들의 사랑이니/ 사람의 사랑 더욱 아름다운 게지요"라고 끝맺는다. 무량수(無量壽)를 살고 싶은 게 사람의 바람이지만 무량수전 앞에서는 그런 교만함을 버려야 한다고 말하는 듯하다. "꽃도 피었다 지니 아름다운 것"이라면서.

김명인은 시 제목을 「부석사」로 했다. "겨울 소백산맥 바라보며/ 외사촌 아우 빈소 자리로 가고 있다"면서 "산모퉁이 몇 번 다시 감돌아도/ 겹겹 등성이만 에워쌀 뿐 절은 안 보인다"고 안타까워한다. 외사촌 아우 빈소가 부석사 근처에 있는지 법당에 영가로 모셨는지 모르겠지만 그다음 이어지는 시구에서 어렴풋이 알 듯도 하다. "부석사 뜬 돌 위의 허공이어서/ 나는 절에 기대지 않고 저 눈의 벽에 쓴다"라는 시구는 왠지 의상스님에 대한 연모의 정을 못 잊고 용이 되어 부석사 짓는 데 도움을 준 선묘가 떠오른다. 그곳은 아마 '푸석거릴 부석사 뜬 돌'이 아닐지.

조선 후기 관료의 길에 들어섰다가 정쟁의 소용돌이 속에서 관직을 잃고 전국 산천을 주유하다 부석사에 들른 이중환의 시는 뜻을 펴지 못한 사대부 양반의 안타까운 심사가 배어 있다. 그는 "높은 절에 터벅터벅 올라오지 않았다면/ 천추에 인생길 험난한 줄 어떻게 알았으랴"고 하면서 다른 시에서는 과객으로 "뜬구름 지는 해에 상념만 끝없는 줄을" 몰랐다고 노래하고 있다. '천지 위에 훌쩍' 솟은 '웅혼한 고찰'을 보며 뜻을 펴지 못한 선비의 상념에 젖어 있는 모습이 보이는 듯하다.

부석사 일주문 〈태백산부석사〉 현판

　문인들이 남긴 작품들을 읽다 보면 부석사가 그리워진다. 어떤 절이기에 작가들의 감성을 자극하였을까. 이런저런 생각을 하다 일주문 앞에 서면 두 개의 현판이 보인다. 앞쪽에는 〈태백산부석사〉, 뒤쪽에는 〈해동화엄종찰〉 현판이 걸려 있다. 두 현판 글씨는 효남 박병규가 썼다. 범종루에는 〈봉황산부석사〉란 현판이 걸려 있어 일주문에 걸려 있는 현판과 산 이름이 다르다. 부석사가 태백산 끝자락 봉황산에 자리 잡고 있기 때문으로 보인다. 일주문에는 태백산, 범종루에는 봉황산을 표기해 부석사가 두 산이 품은 절이라는 것을 나타내려 한 것 같다. 지금 일주문은 근래에 세워진 것으로 원래는 지금 천왕문이 있는 자리가 일주문이 있던 곳이다. 그래서 통상 일주문 밖에 있는 당간지주가 일주문과 천왕문 사이에 있다.

일주문을 지나면 서서히 상승감이 느껴진다. 길을 오르면서 부석사가 품고 이어져 내려온 이야기들을 맞이하게 된다. 많은 문인들도 이 길을 걸어 올라가면서 느낀 감흥을 작품으로 남겼다. 느닷없이 안양루에서 감흥이 일어나지는 않을 테니 말이다. 누구나 부석사에 오면 시 한 편 남겨 보고 싶은 마음이 생기지 않을까.

극락에 오르는 계단 │ 안양루

부석사 일주문을 지나면 천왕문이 나온다. 천왕문부터 주불전인 무량수전까지 돌로 쌓은 축대인 석단과 석단을 올라갈 수 있도록 돌계단을 만들어 놓았다. 그런데 이 석단과 계단이 다른 사찰에 비해 유난히 많다. 왜 그럴까. 이 석단은 부석사를 지을 때 바탕으로 삼았던 사상이나 신앙과 깊이 관련되어 있다. 그래서 석단이 몇 개인지를 놓고 부석사 구조의 신앙적 배경에 대해 학자들 사이에서 두 개의 견해로 갈린다.

두 견해를 알기 전에 화엄사상과 정토신앙과 관련한 것을 알아 두면 좋다. 먼저 화엄사상의 경전은 『화엄경』이고 주불전은 대적광전, 비

천왕문을 지나 회전문에 오르는 쪽의 석단과 계단

로전, 화엄전이라고 하며 그 안에 봉안한 본존불은 비로자나불이라고 하며 수인은 지권인이다. 두 번째로 정토신앙의 경전은 『관무량수경』, 『무량수경』, 『아미타경』이고 주불전은 무량수전, 극락전, 미타전, 수광전이라고 하며 그 안에 봉안한 본존불은 아미타불, 무량수불, 무량광불이라고 하며, 아미타불의 수인은 구품인이다.

첫 번째 견해는 부석사가 『화엄경』 「입법계품」의 십지론을 근거로, 즉 화엄사상을 바탕으로 10개의 단으로 구성했다는 것이다. 일주문에 걸려 있는 현판처럼 부석사는 화엄사찰이라는 것이다. 또 다른 견해는 정토신앙의 체계에 의거하여 본전인 무량수전 안의 주존을 아미타불로 하고, 삼배구품(三輩九品)의 교리에 따라 전체 영역을 9개의 단으로 구성했다는 것이다.

화엄사상에 바탕한 첫 번째 견해의 근거는 의상스님이 부석사를 창건할 때 그의 화엄사상을 토대로 했다는 것이다. 또한 부석사가 위치한 태백산 주변의 산 이름이 도솔산, 비로봉, 연화봉인데 이런 이름들은『화엄경』의 이상향을 나타내고 있다는 것이다. 두 번째 견해가 근거로 삼는 것은 회전문, 범종각, 안양루를 기준으로 각각 3개씩의 석단을 쌓은 점이 정토신앙 경전인『무량수경』의 삼배구품설과 대응한 구조라는 것이다. 여기에 무량수전 안 본존불이 아미타불이라는 점도 들고 있다.

두 번째 견해의 근거로 삼는 삼배구품설은 정토 신앙에서 말하는 극락세계에 태어나는 사람들을 상, 중, 하 세 개의 무리[삼배(三輩)]로 나누고, 그 삼배 각각을 또 상, 중, 하 세 개의 품으로 나누어 총 구품으로 나눈 것을 말한다. 그래서 정토 신앙의 주존불인 아미타불의 손 모양인 수인(手印)은 상품상생에서 하품하생까지 아홉 가지가 되어 구품인이라고 한다. 구품인은 손의 위치와 손가락의 모양에 따라 아홉 가지로 나눈 것이다.

과연 석단의 수는 몇 개일까. 천왕문이 있는 곳은 원래 일주문이 있던 자리이니 지금 그곳에 있는 석단은 제외하고 나머지 석단을 셀 때 회전문 앞의 좁은 석단을 포함시키느냐의 여부에 따라 9단 또는 10단이 된다. 천왕문부터 무량수전 앞마당에 이를 때까지 석단의 수를 세

내 생애 한 번쯤 절 여행을 떠난다면

고 가는 것도 재미와 의미가 있을 것이다. 그리고 안양루에서 멀리 보이는 소백산 능선과 봉우리를 보고 비로봉, 연화봉 등을 찾아보는 재미도 맛볼 수 있다.

부석사 범종루
〈봉황산부석사〉 현판이 걸려 있다.

천왕문을 지나 계단을 오르면 범종루가 나타나는데 좀 특이한 모습을 하고 있다. 범종루는 올라가는 쪽에서 볼 때 정면이 아니라 측면이다. 그리고 그 아래로 통과하게 되어 있다. 지붕도 올라가는 쪽에서 보면 팔작지붕이고 반대쪽에서 보면 맞배지붕이다. 왜 그렇게 건축했을까. 안양루와 무량수전에서 볼 때 돌출된 팔작지붕보다 맞배지붕이 잘 어울리는 구조라 그랬을까. 자세한 이유는 모르겠지만 맞배지붕과 안양루를 번갈아 보면 충돌 없이 조화를 이루는 것 같다.

부석사 안양루

범종루를 지나면 극락정토에 들어가는 마지막 관문인 안양루가 나온다. 2층 누각으로 되어 있고 1층으로 통과하여 무량수전으로 가게 되어 있다. 2층 지붕 처마 아래에는 〈부석사〉 현판이, 1층 머리 부분에는 〈안양문〉 현판이 걸려 있다. 〈부석사〉 현판은 이승만 대통령이 1956년 이곳을 방문하고 썼다. 이 현판은 지금 〈안양문〉이 걸려 있는 곳에 있었는데 언젠가 두 현판의 위치를 바꾸어 달았다고 한다. 혹자는 대통령이 쓴 현판이라 위쪽에 달지 않았을까 하고 말하는데 꼭 그렇

내 생애 한 번쯤 절 여행을 떠난다면

지는 않은 것 같다. 안양루는 누하 진입으로 1층을 통과해야 하니 그곳이 자연히 문 역할을 한다. 그래서 지금처럼 1층에 〈안양문〉 현판을 거는 것이 더 자연스럽다.

누각 아래로 머리를 숙이고 조심조심 오르면 드디어 극락정토를 상징하는 무량수전 앞마당에 이른다. 마당에 올라 무량수전에 감탄하는 것도 잠시 시선을 반대 방향으로 돌리면 지금까지 올라오며 아래에서 위로 보았던 전각들의 지붕들이 만들어 내는 아름다움에 놀란다. 시선을 저 멀리 이동시키면 소백산맥 능선들이 만들어 내는 원경에 탄성을 지르게 된다. 근경에 놀라고 원경에 감탄하게 된다.

그래서일까 이곳 안양루에 오른 사람들은 부석사가 만들어 낸 형언하기 어려운 풍경에 감동하고 그 감흥을 글로 남겼다. 김삿갓으로 유명한 김병연도 이곳을 방문하고 멋진 시를 남겼다. 지금 안양루 안에 그의 시가 현판으로 걸려 있다.

> 평생에 여가 없어 이름난 이곳 못 왔었는데
> 흰머리가 된 오늘에야 안양루에 올랐네
> 그림 같은 강산은 동남으로 벌려 있고
> 천지는 부평초처럼 밤낮으로 떠 있구나
> 지나간 모든 일이 말 타고 달려온 듯
> 우주 간에 내 한 몸이 오리마냥 헤엄치네
> 백 년 동안 몇 번이나 이런 경치 구경할까

세월은 무정하다 나는 벌써 늙어 있네

平生未暇踏名區 白首今登安養樓

江山似畵東南列 天地如萍日夜浮

風塵萬事忽忽馬 宇宙一身泛泛鳧

百年幾得看勝景 歲月無情老丈夫

(평생미가답명구 백수금등안양루

강산사화동남열 천지여평일야부

풍진만사총총마 우주일신범범부

백년기득간승경 세월무정노장부)

　무량수전 마당 쪽 안양루에는 〈안양루〉 현판이 걸려 있다. 영주 출신 서예가 소남 김종호가 썼다. 안양은 극락을 가리킨다. 그래서 안양루를 통과했다는 건 극락정토에 도착했다는 것이다. 9단 또는 10단으로 쌓았다는 석단에 만든 계단을 한 발 한 발 걸으며 아미타불을 일념 십념으로 염송하고 올라온 사람들을 맞이하는 곳이 무량수전이다. 무량수전 배흘림기둥에 기대서서 시선에 다가오는 아름다운 풍경에 취하기 전에 법당 안으로 들어가야 한다. 아미타불이 기다리고 있기 때문이다.

　천왕문을 지나면서부터 석단을 세며 안양루까지 왔다. 전각도 둘러보며 석단을 세며 왔지만 안양루에 오르면서 석단이 아홉 개인지 열 개인지 그만 잊어버렸다. 애초에 부석사는 산지에 짓다 보니 석단을 쌓을 수밖에 없었는지도 모른다. 후대의 사람들이 석단의 숫자를 세어가며 그 뜻을 애써 해석하려 한 것은 아니었을까. 부석사 창건주 의상스님은 본래 부석사를 화엄 도량이자 정토 신앙을 구현하는 절집으로 짓고 싶었을 것이다. 아홉 개나 열 개의 석단을 힘겹게 오른 중생들이 안양루에 오르면 극락을 맞이하게 만든 의상스님의 자비심이 그저 고마울 뿐이다.

부석사 하면 떠오르는 전각 | 무량수전

부석사 하면 떠오르는 것은 무량수전이다. 무량수전이 고려 시대 목조 건물 중 가장 오래된 것 중 하나로 학창 시절에 배운 경험 때문이다. 여기에 최순우의 한국미 산책『무량수전 배흘림기둥에 기대서서』의 영향으로도 보인다. 이 책 속의「부석사 무량수전」제목의 첫 단락은 다음과 같다.

> "소백산 기슭 부석사의 한낮, 스님도 마을 사람도 인기척이 끊어진 마당에는 오색 낙엽이 그림처럼 깔려 초겨울 안개비에 촉촉이 젖고 있다. 무량수전, 안양문, 조사당, 응향각들이 마치 그리움에 지친 듯 해쓱한 얼굴로 나를 반기고, 호젓하고도 스산스

러운 희한한 아름다움은 말로 표현하기가 어렵다. 나는 무량수전 배흘림기둥에 기대서서 사무치는 고마움으로 이 아름다움의 뜻을 몇 번이고 자문자답했다."

여기까지만 읽어도 부석사를 가 보고 싶은 마음이 일어나기 시작할 것이다. 그런데 이 뒤로 이어지는 글들을 읽다 보면 무량수전의 아름다움과 의미, 주위 경관 등에 대해 간결하지만 아름다운 표현에 감탄하게 된다. 단어 하나 문장 하나 군더더기가 없고 짧은 글이지만 무량수전과 부석사 전체를 아름답고 깊이 있게 표현했다. 한국미에 대한 깊은 안목과 애정이 없으면 나올 수 없는 문장들이다. 이후 부석사에 대한 많은 글들은 최순우의 '부석사 무량수전'에 대한 해설서처럼 보인다. 서양 철학이 플라톤 철학의 각주라고 하듯이.

무량수전은 아미타불을 봉안한 전각이고, 아미타불은 정토 신앙에 근거하고 있다. 정토 신앙은 아미타불의 정토(극락)에 다시 태어나려는 신앙이다. 우리들이 살고 있는 세계의 서방에 아미타불이 주재하는 청정한 불국토인 극락정토가 있는데, 아미타불을 간절히 염송하면 내세에 그 극락정토에 태어날 수 있다는 불교 신앙이다.

자력 신앙인 불교에 타력 신앙인 정토 신앙이 공존하는 이유가 궁금하다. 인간은 스스로의 힘으로 해탈을 이루는 깨달음의 길을 가는 수행자도 있지만, 태어나면서부터 나약한 의지를 갖고 있는 사람들은 자력으로 해탈할 수 없다. 그래서 그런 사람들에게 절대 타자를 믿고 의

지하는 타력 신앙의 길도 열어 두었다. 타력 신앙에서 믿음의 대상은 아미타불이다. 그래서 정토 신앙은 아미타불 신앙이라고도 한다.

부석사 무량수전
지붕 보수공사로 비계를 설치해 놓았다.

그럼 정토 신앙은 언제 어떻게 싹텄을까. 그걸 알려 주는 경전이 정토 삼부경의 하나인 『관무량수경』이다. 내용은 이렇다. 석가모니 부처님 재세 시의 대국이었던 마가다국의 태자 아자타삿투가 부친인 빔비사라왕을 투옥하고 왕위를 찬탈한다. 왕비가 옥에 갇힌 남편을 보살피자 이를 알게 된 아자타삿투가 왕비도 골방에 가두었다. 그래서 왕비는 석가모니 부처님을 뵙기를 간절히 염원하였다. 이에 부처님이 왕비에게 나타나 극락정토를 보여 주고 아미타불을 간절히 염송하면 그분이 계시는 극락정토에 왕생할 수 있다는 가르침을 준다.

아미타불은 부처가 되기 전 국왕의 자리를 버리고 출가하여 법장비구가 되었다. 법장비구는 이상 세계를 구현하기 위해 48가지 서원을 세웠다. "내가 부처를 이룰 때 중생들이 지극한 마음으로 믿고 원해 나의 극락세계에 왕생하고자 할 때 이곳에 태어나지 않는 중생이 하나라도 있으면 결코 부처가 되지 않겠다."는 서원을 하게 되는데, 이 서원은 48가지 서원 중 하나다.

이런 간절한 서원을 세운 법장비구는 보살행을 닦아 드디어 48가지 서원을 이루어 아미타불이 되었다. 이 48가지 서원이 이루어진 세계가 곧 극락정토다. 극락정토는 윤회가 없고 모든 것이 풍부하며 이루고자 하는 것이 뜻대로 되는 세계다. 그런데 극락에 가려면 조건이 있다. 먼저 '지극한 마음으로 믿고 간절히 염원해야' 한다. 다음으로 불교의 근본 가르침인 무아에 바탕을 두고 절대 귀의를 통한 믿음으로 염원해야 한다.

자력으로 해탈할 수 없는 중생들은 정토를 갈망하고 아미타불에 자신의 모든 것을 바치고 귀의해야 한다는 것이다. 원효스님이 중생들에게 가르쳐 준 '나무아미타불' 염송을 간절히 하면서 모든 것을 맡겨야 한다. 나를 철저히 버려 무아가 되어 아미타불을 믿고 의지하는 것이다. 부석사 무량수전 배흘림기둥에 기대서 미적 아름다움에 취했다면 이제 법당 안으로 들어와 나무아미타불을 간절히 염송하는 것도 좋겠다.

무량수전 안 본존불인 아미타불은 앞쪽을 향하지 않고 서쪽에서 동쪽을 향해 앉아 있다. 서방 정토의 교주임을 나타내는 상징적 배치로 보인다. 그런데 수인은 아미타불의 구품인 중 하나를 취하지 않고 석가모니불의 수인인 항마촉지인을 하고 있다. 다른 한편으로 부석사가 화엄사상을 근거로 세워졌다면 법당의 이름이 대적광전이나 비로전이어야 하고 본존불도 비로자나불이어야 하는데, 정토 신앙에 근거한 무량수전이고 본존불도 비로자나불이 아니고 아미타불이다.

과문한 탓에 그 연유가 못내 궁금했는데 주불전 이름이 아미타불을 봉안하는 무량수전이란 점, 여기에 부석사 원융국사비에 "좌우에 다른 협시보살을 모시지 않고 아미타불 한 분만 모셨다."라는 기록이 있는 점으로 보아 아미타불이 확실하다는 것이다. 그래도 의문이 좀 남아 있는데 목경찬은 이를 『40화엄경』「보현행원품」에서 근거한 것으로 보고 있다. 「보현행원품」을 독송하게 되면 아미타불의 극락세계에 왕생한다고 한다. 그래서 화엄 교주가 비로자나불이지만 중생 구제를 위해 아미타불로 나투신다고 이해했기 때문이라는 것이다.

무량수전의 아름다움을 보려고 이쪽저쪽에서 시선을 집중하다 보면 중앙 처마 밑에 있는 〈무량수전(無量壽殿)〉 현판이 눈에 들어온다. 현판 테두리는 장식을 한 모양으로 만들고 그 안을 검은색 바탕으로 하고 글씨를 돋을새김하고 흰색으로 칠한 듯하다. 원래는 글씨가 금칠한 것이었는데 세월이 지남에 따라 금색이 지워져서 흰색을 칠했다고 한다. 그리고 현판 뒤에는 이 글씨가 고려 공민왕 어필이라고 쓰여 있다고 한다. 현판에 낙관이나 어필 관지를 남기지 않고 뒷면에 어필임을 기록해 두고, 현판 글씨를 금색으로 칠해 이 현판이 왕이 쓴 것임을 나타내고 있다.

부석사 〈무량수전〉 현판

공민왕은 1361년 홍건적의 침입을 피해 영주(당시 이름은 순흥)에 잠시 머물 때 부석사를 들러 〈무량수전〉 현판을 썼다. 글씨는 해서체로 상하 두 글자씩 썼고, 글씨가 힘이 있고 현판 안에 꽉 차게 썼다. 공민왕이 이곳에 들러 현판을 쓴 이유가 궁금하다. 왕의 친필을 남기고 싶은 마음도 있었을 것이다. 또한 홍건적의 침입으로 희생된 백성의 극락왕생을 염원하기 위해 쓴 것은 아니었을까.

내 생애 한 번쯤 절 여행을 떠난다면

기록에 의하면 무량수전은 고려 현종 7년(1016)에 중창되었고, 공민왕 7년(1358) 왜구에 의하여 건물이 불타서 우왕 2년(1376)에 중수되었다. 조선 시대에는 광해군 3년(1611)에 수리하였고, 일제강점기인 1916년 해체하여 수리하였다. 부석사에 갔을 때는 마침 무량수전 지붕을 보수하고 있었다. 무량수전은 기록에 남아 있지 않은 것까지 포함하여 새로 짓거나 보수하는 과정을 많이 거쳐 지금 가장 오래된 목조 건물 중 하나로 남아 있다. 그래서 수리 중이라 제 모습을 못 보는 아쉬움은 금세 고마움으로 바뀐다.

속세에 살고 있는 인간의 가장 간절하면서도 소박한 바람은 무엇일까. 아마 부귀영화, 무병장수가 아닐까. 젊은 시절에는 부귀영화를 더 꿈꾸지만 노년에 가까워지면 무병장수를 더 꿈꾸게 된다. 무량수전은 무병장수를 꿈꾸는 사람들에게 또 다른 세계를 보여 주는 곳이다. 추사 김정희도 〈무량수〉, 〈무량수각〉 현판을 여러 곳에 남겼다. 왕실, 양반에서 평민에 이르기까지 누구나 간절히 염원하는 것을 그는 글씨로 쓴 것이다. 많은 문인들이 부석사에 오고 시문을 남긴 것도 그런 인간의 간절한 염원이 투영된 것은 아닐까.

의상스님 영당 | 조사당

최순우는 『무량수전 배흘림기둥에 기대서서』 「부석사 무량수전」에서

"무량수전 앞 안양문에 올라앉아 먼 산을 바라보면 (…) 이 대자연 속에 이렇게 아늑하고도 눈맛이 시원한 시야를 터줄 줄 아는 한국인, (…) 부처님의 믿음을 더욱 숭엄한 아름다움으로 이끌어 줄 수 있었던 뛰어난 안목의 소유자, 그 한국인, 지금 우리의 머리 속에 빙빙 도는 그 큰 이름은(…)."라고 썼다. 최순우가 고마움을 표현한 '한국인, 그 한국인, 그 큰 이름'은 의상스님이다.

의상스님은 원효스님과 함께 두 번에 걸쳐 당나라로 구법의 길을 떠났다. 첫 번째는 실패하고 두 번째(661)에 당나라에 들어가 유지인의 집에 머무르며, 그의 딸 선묘와 인연을 맺었다. 다음 해 지상사 지엄을 찾아가 화엄교학을 전수받았다. 668년 지엄의 입적 3개월 전 『화엄일승법계도(華嚴一乘法界圖)』를 지어 인가를 받았다. 670년 당나라에 갇혀 있던 김흠순(김인문이라고도 한다)에게 당 고종이 신라를 침공하려 한다는 정보를 듣고 귀국하여 신라 조정에 이를 알려 대비하게 했다.

김흠순은 김유신의 동생이고, 김인문은 태종무열왕의 둘째 아들이자 문무왕의 동생이다. 김인문은 당에 머물며 대당 외교 활동을 했는데 나당 연합군이 고구려를 멸망시킬 때 귀국하여 참전한 뒤 다시 당에 들어가 그곳에서 병사했다. 김흠순도 김인문과 함께 고구려 멸망시킬 때 참전하였고, 고구려 멸망 후 신라가 당군을 축출하고 백제 영역을 점유한 뒤 이를 해명하기 위해 당에 파견된 신라 사신이었다. 일연은 『삼국유사』 제4권 '의상전교' 편에서 당에 있었던 김흠순이나 김인문이 670년 의상스님에게 당의 신라 침공 계획을 알려주었고, 의상스님

내 생애 한 번쯤 절 여행을 떠난다면

은 이 사실을 알리기 위해 급히 귀국하였다고 기록해 놓고 있다.

의상스님은 676년 왕명에 의해 태백산에 부석사를 창건하고 화엄의 근본 도량으로 삼았다. 의상의 교화 활동으로 화엄교학이 가야산 해인사, 금정산 범어사, 지리산 화엄사 등 열 개의 사찰에 퍼졌는데 이를 화엄십찰이라고 한다. 의상은 실천수행하는 화엄교학을 바탕으로 하면서 정토 신앙을 수용하였다. 이런 의상스님의 화엄사상은 관음 도량인 양양 낙산사를 창건하고, 화엄 도량인 이곳 부석사에 비로자나불이 아닌 아미타불을 봉안한 데서 알 수 있다.

『화엄일승법계도』는『화엄경』의 사상을 7언 30구 210자의 시(게송)로 압축한 것으로 '가지가지의 꽃으로 장엄된 일승의 진리의 세계 모습'이란 뜻이다. 210자를 도장 글자처럼 포치하여 하나의 도인(圖印) 형태를 이루고 있다. 그래서『화엄일승법계도』는『법계도서인(法界圖書印)』이라고도 한다. 『화엄일승법계도』는『화엄경』을 단순하게 요약한 것이 아니고 의상 스스로 깨달은 것을 기술한 것으로, '의상조사 법성게'란 제목으로 불교 의식에 포함되어 지금도 사찰에서 독송되고 있다.

무량수전 배흘림기둥에 기대서서 소백산맥 능선이 만들어 내는 장관에 흠뻑 취하기 전에 삼층 석탑을 지나 북쪽으로 조금 올라가면 조사당이 있다. 조사당은 부석사를 창건한 의상대사 영정을 모신 곳이다. 조사당 현판은 단정한 해서체로 썼다. 건물도 단아하여 일체의 번뇌를 여읜 스님의 모습이다. 조사당 안에는 의상스님상이 봉안되어 있고 좌측 벽에는 선묘 낭자로 보이는 여인이 상자를 들고 있는 그림이 있다.

부석사 조사당
선비화수를 철망으로 보호하고 있다.

의상스님에게 주려고 선묘가 직접 지었다는 법복이 그 상자 속에 들어
있는 것은 아닌지 모르겠다. 의상스님과 선묘 낭자의 인연이 아름답게
보이는 것은 나만 느끼는 것일까.

지금 조사당 앞에는 보호망 안에 나무 한 그루가 서 있다. 이중환은
『택리지』에서 이 나무에 얽힌 이야기를 자세히 기술해 놓았다.

"의상이 기거하던 요사채의 문 앞 처마 밑에 지팡이를 꽂고서,
'내가 떠난 뒤에 이 지팡이에서 반드시 가지와 잎이 날 것이다.

내 생애 한 번쯤 절 여행을 떠난다면

이 나무가 말라 죽지 않으면 내가 죽지 않은 줄로 알라'고 말했다.(…) 창밖에 있던 나무에서는 바로 가지와 잎이 돋아났다. 햇빛과 달빛은 비쳐도 비와 이슬이 젖지는 않았는데 잘 자라서 지붕에 닿을 정도로 키가 컸다. (…) 나무는 지금까지 사시사철 늘 푸르고, 잎이 피지도 지지도 않는다. 승려들이 이 나무를 선비화수(仙飛花樹)라 부른다.”

지금 조사당 안내판에는 선비화수를 '선비화'라고 표기하고 있다. 퇴계 이황도 부석사에 왔다가 선비화수를 보고 시 한 편을 남겼다.

옥인 양 꼿꼿하게 절 문에 기대고 있는데
지팡이가 신령한 나무로 변했다고 스님들 말하네
지팡이 끝에 본디 조계의 물이 있어서
천지가 베푸는 비와 이슬은 필요 없나 보다

擢玉亭亭倚寺門 僧言錫杖化靈根
杖頭自有曹溪水 不借乾坤雨露恩
(탁옥정정의사문 승언석장화령근
장두자유조계수 불차건곤우로은)

조선 최고의 성리학자도 부석사에 와서 선비화수를 보고 지팡이가 신령스러운 나무로 변한 것도, 만물의 생육에 필요한 비를 맞지 않고서도 살아 있는 것도 부처의 가피가 아닌가 하고 감탄하고 있다. 이런 선비화수에 대한 소문이 퍼지자 광해군 때 경상감사 정조는 이 나무를 탐내어 "선인(仙人)이 지팡이로 짚던 것이니 나도 지팡이를 만들어 짚어야겠다."고 말하면서 톱으로 잘라서 가지고 갔다고 한다. 그러나 이 나무는 이내 두 줄기가 다시 돋아나 예전처럼 자라났다.

그런데 나무를 베어 갔던 정조는 1623년 인조반정에 휘말려 반역죄로 처형을 당했다. 그래서인지 그 후로는 누구도 이 선비화수를 탐내지 않았다고 한다. 똑같은 선비화수를 보고 누구는 시를 짓고 고승의 덕을 칭송하는데, 누구는 그걸 자기 소유로 하려고 했다. 칭송은 못할망정 의미 깊은 나무를 잘라 버리는 그 심성과 행동을 어떻게 이해해야 할까.

선비화수는 선비화 또는 골담초(骨擔草)라고도 한다. 선비(禪扉)는 선문(禪門)이자 선방(禪房)이다. 그러니까 선비화는 절 방 바깥에 핀 꽃나무, 한마디로 '절꽃'이란 뜻이다. 골담초는 뼈[骨]를 짊어지는[擔] 풀[草]이란 뜻이다. 골담초는 관상용, 식용, 약용으로도 쓰는데 관절염, 신경통 등에 효능이 있다고 한다. 골담초는 꽃도 아름답지만 나무의 쓰임새도 유용하다. 거기에 의상스님의 이야기까지 더해져 신선이 되어 날아오르는 꽃나무, 선비화수라는 아름다운 이름까지 얻게 되었다. 화향천리 인향만리란 말도 이런 데서 나온 것 아닐까 싶다.

　　　　　내 생애 한 번쯤 절 여행을 떠난다면

진정한 사랑은 | 선묘와 부석

부석사에는 다른 사찰에서는 찾아보기 힘든 전각이 있다. 의상스님이 부석사를 창건할 때 도움을 주었다고 전해지는 당나라 여인 선묘의 영정을 봉안한 선묘각이다. 의상스님과 선묘 낭자 사이에 있었던 전설 같은 이야기는 의상스님이 당나라로 구법 여행을 가면서 인연이 되었다. 두 번의 시도 끝에 당나라 사신의 배를 타고 당나라 양주에 도착한 의상스님은 병을 얻어 양주성 수위장인 유지인의 집에 머물며 치료했다. 그때 유지인의 딸 선묘가 의상스님 치료에 도움을 주면서 연정을 품게 되고 의상스님은 선묘의 마음을 받아들이지 않고 제자로 삼았다.

몸이 완쾌되어 유지인의 집을 떠날 때 선묘의 청대로 신라로 귀국하

부석사 선묘각

게 되면 선묘의 집에 들렀다 가기로 약속하였다. 의상스님은 장안 종남산 지상사로 가서 지엄대사의 제자가 되어 화엄사상을 배웠다. 그런데 당나라가 고구려를 멸망시킨 후 신라도 침공하려 한다는 정보를 듣고 신라에 이 사실을 알리려고 급히 귀국하게 되었다. 선묘와의 약속대로 귀국하는 배를 타기 전에 선묘의 집에 들렀으나 선묘가 집에 없었다. 나라의 위급함을 빨리 알려야 하기에 선묘를 만나지 못하고 귀국 길에 올랐다.

귀가한 선묘가 이 사실을 듣고 의상스님에게 줄 법의를 들고 급히 뒤따라갔으나 의상스님을 태운 배는 벌써 산동성을 떠나고 말았다. 선묘는 법의를 먼저 바다에 던지며 의상스님에게 가도록 축원하니 그대로 되었다. 이를 보던 선묘가 또다시 용이 되어 의상스님의 무사 귀국을 돕게 해 달라고 축원하니 기이하게도 용이 되어[선묘룡(善妙龍)] 의상스님이 무사하게 귀국하도록 호위하였다. 신라에 도착한 의상스님이 조정에 당 침공 계획을 알려 주어 미리 대비하게 하였다.

그 후 왕명으로 화엄의 종지를 펼칠 절을 짓기 위해 지금의 부석사 자리에 오니 이교의 무리 5백여 명이 절 건립을 방해하였다. 이를 본 선묘룡이 무량수전 서편에 있는 큰 바위를 공중으로 세 차례 올렸다 내렸다 하니 이교 무리들이 겁을 먹고 떠났다. 이 자리에 사찰을 세우고 이름을 부석사라고 하였다. 선묘룡이 세 번 들어 올렸다 내렸다 한 거대한 바위는 지금 무량수전 서편에 있다. 이 바위를 부석(浮石)이라고 한다.

선묘룡이 석룡(石龍)으로 변해 무량수전의 자리에서 부석사의 수호신이 되려 하였다. 선묘룡의 뜻을 받아들여 석룡의 머리는 무량수전 아미타불 아래에 두고 꼬리는 무량수전 앞 석등에 걸쳐 묻었다. 이 석룡은 1967년 신라 5악 학술조사단이 무량수전 앞마당을 발굴하여 5m가량의 석룡 하반부를 발견하였다. 전설 같은 이야기이지만 언제 들어도 아름답다. 어떤 면에서는 뻔한 러브 스토리 같기도 하지만 부처님 제자로서 공덕을 쌓는 아름다운 인연 이야기이기도 하다. 부석사라는 빼어나게 아름다운 도량이 저절로 세워졌을 리 없다.

지금 무량수전 서편에 긴 타원형 모양의 바위가 기울어진 채로 돌 위에 누워 있다. 뜬 바위, 부석이다. 바위에는 세월의 흔적을 가늠할 수

부석사 부석

있는 푸른 이끼가 끼어 있다. 바위 중간쯤 측면에는 〈부석(浮石)〉이란 글자까지 새겨 놓았다. 부석사 창건 설화의 징표를 이곳에 오는 사람들에게 알려 주고 싶은 마음이었을까. 아니면 부석사를 지을 수 있었던 힘을 나타내고자 했을까.

부석사 창건 시기는 신라가 삼국을 통일한 해(676)이다. 통일은 했지만 민심을 수습하고 사상을 통일하고 왕실의 권위를 높여야 하는 과제가 대두된 시기였다. 그래서 왕명으로 신라와 고구려의 국경 지역에 화엄사상과 정토 신앙을 구현하는 부석사를 창건한 것은 아닐까. 신라의 수도인 경주가 아닌 오지에 사찰을 세우도록 했으니 말이다. 저 육중한 바위를 들어 올릴 수 있는 힘은 왕실과 국가의 권력을 상징하는 것일지도 모른다.

화엄종찰이자 정토 신앙을 바탕으로 세워진 부석사는 건축적 아름다움과 함께 전설 같은 인연 이야기로 향기가 나는 절이다. 많은 전각 중에서도 중심 되는 주불전인 무량수전과 안양루에는 고려 임금과 현대의 대통령이 쓴 현판을 걸어 놓음으로써 권위까지 얻는 절이 되었다. 거기에 세계 문화유산에 지정되면서 이름값을 제대로 했다. 부석을 보고 사유하는 즐거움은 부석사에 가는 즐거움 중의 하나다. 부석사에 가면, 부석이 있다.

태화산 마곡사
봄에 가도 좋고 가을에 가도 좋고

마곡사는 특이한 절이다. 마곡사 한가운데를 흐르는 마곡천을 중심으로 남쪽의 태화산 기슭에 영산전과 명부전, 산신각이 배치되어 있고, 북쪽의 광덕산 줄기에는 본전인 대광보전과 대웅보전, 오층 석탑이 배치되어 있다. 두 개의 산에 걸쳐 남쪽의 수행 공간과 북쪽의 교화 공간으로 나뉘어 가람이 배치된 매우 특이한 절이다. 그리고 오층 석탑 북쪽에 대광보전과 대웅보전의 두 본전이 앞뒤로 배치되어 있는 일탑쌍금당식의 희귀한 절이기도 하다.

마곡사는 '봄은 마곡사, 가을은 갑사'란 말이 있을 정도로 봄이 가장아름다운 절로 알려져 있다. 그래서 싱그러운 신록의 계절에 가면 마곡사가 주는 기운에 흠뻑 취할 수 있다. 마곡사 신록은 일주문에서부터 시작된다. 일주문을 지나 마곡천 물소리를 들으며 태화산 낮은 줄기에 난 길을 걷다 보면 청량한 기운이 온몸에 스미어 든다. 호흡으로 들어왔다 나가는 대지의 맑은 기운은 온몸의 세포를 일깨우고 정화시킨 후 대지로 다시 나간다. 그러면 우리는 어느새 자연과 합일된다.

마음을 하나로 모으는 곳 | 일주문

일주문(一柱門)은 사찰에 들어가는 첫 번째 문으로, 기둥이 한 줄로 세워져 있다. 대개 기둥 두 개를 세우고 그 위에 지붕을 올려 만드는데, 부산 범어사 일주문처럼 기둥 네 개를 한 줄로 세워 만든 일주문도 있다. 기둥을 한 줄로 세운 것은 세속의 번뇌로 흐트러진 마음을 하나로 모아[일심(一心)] 진리의 세계로 들어간다는 상징적인 의미가 담겨 있다. 또한 이 문 안으로 들어와서는 보고 듣는 모든 것을 세간의 알음알이로 해석하지 말라는 뜻도 있다. 그래서 일주문은 세간과 출세간의 경계선을 나타내고 있다.

우리나라 절은 대개 산에 있는 산사이기 때문에 절 이름 앞에 산 이름을 붙인다. 산이 절의 출신지인 셈이다. 그래서 일주문에는 이 절이 어느 산에 있는 절인지를 나타내 주는 현판이 걸려 있다. 현판은 대개 가로 한 줄로 써서 걸지만, 세로 세 줄인 일주문 현판도 있다.

마곡사 일주문은 〈태화산마곡사〉란 이름의 현판을 달고 사바세계의 중생을 맞이한다. 마곡사가 마곡천을 사이에 두고 광덕산과 태화산에 가람을 배치했기 때문에 〈태화산광덕산마곡사〉라고 써야 맞을 것 같지만 〈태화산마곡사〉라는 이름의 현판을 걸었다. 아마 마곡사가 행정구역상 공주에 속해 있고, 태화산이 공주에 있기 때문이 아닐까 싶다. 일주문이 세워진 영역이 태화산 지역인 것도 그 이유 중의 하나가 아닐까 싶다. 아니면 두 산 이름을 모두 쓰기가 번거로웠기 때문일 수도 있다.

마곡사 일주문

〈태화산마곡사〉 현판 글씨는 마지막에 '여초거사'라는 낙관 글씨가 있어 서예가 여초 김응현이 썼음을 알 수 있다. 〈태화산마곡사〉 글씨는 예서체로 써서 균형감과 아름다움이 물씬 풍긴다. 붓으로 쓴 글씨를 나무판에 전각하여 황금색으로 입혔다. 묵향이 법 향으로 변하고, 법 향 속에 묵향이 스며들었다.

여초는 "세상 사람들이 하도 처음과 끝이 같지 않아 그렇게 지어 본 것인데 여(如) 자에는 '같다'는 뜻 외에도 '간다'는 뜻이 있다. 즉 남들이 잘 가지 않는 길을 개척한다는 뜻도 되는 것이다."라며 여초(如初)라는 아호를 짓게 된 이유를 밝혔다. '남들이 가지 않는 길'이란 무엇일까. 옛 것을 충분히 익힌 후 거기에서 떠나 새로운 경지를 창안해 내는 법고창신(法古創新)의 길이 아닐까.

오월의 싱그러운 신록에서 나오는 향기를 맡으며 일주문 앞에 오래 서 있었다. 서예가의 혼이 담긴 필 향과 부처님의 가르침에서 나오는 법 향이 진하게 풍겨 왔다. 어느새 사바세계에서 누적된 분별심이 한 가닥씩 풀려나가는 것 같다. 일주문은 문이지만 문짝이 없이 항상 개방된 문이다. 그래서 누구나 들어갈 수 있는 문이지만 한마음으로 들어가는 사람에게 문은 비로소 열린다.

김시습을 만나러 갔다 글씨만 남겼네 | 영산전

마곡천 옆으로 난 태화산 숲길을 따라 걷다 보면 물소리와 숲이 주는 기운에 마음이 맑아진다. 십여 분 정도 가면 마곡천이 갑자기 우측으로 방향을 튼다. 이를 미처 알아채지 못한 숲길도 급히 오른쪽으로 방향을 틀어 마곡천을 만날 기세로 달려간다. 하지만 길은 마곡천을 만나기 전에 넓은 마당을 만들며 숨 고르기를 한다.

태화산 자락에 있는 그 마당에서는 두 개의 문이 사바세계의 중생들을 맞이하고, 문 왼쪽 언덕에 영산전, 지장전 등의 수행 공간이 배치되어 있다. 마당에서 먼저 만나는 문이 해탈문이고 그 뒤에 천왕문이 있다. 통상 일주문을 통과하면 금강문, 천왕문(사천왕문), 불이문(해탈

마곡사 해탈문

문, 안양문) 순서로 들어가는데 마곡사는 이와 달리 일주문을 통과한 뒤 해탈문이 있고 그 뒤에 천왕문이 배치되어 있다.

해탈문 안으로 들어가면 또 한 번 예상을 깨는 광경이 펼쳐진다. 대개 해탈문에는 문만 있고 불법을 수호하는 신중들이 없는데 마곡사 해탈문 안에는 금강역사가 좌우에 배치되어 있다. 안으로 들어가면 오른쪽에 금강저를 들고 있는 밀적금강과 지혜를 상징하는 문수보살상이 배치되어 있다. 왼쪽에는 힘의 세기가 코끼리의 백만 배가 된다고 하는 나라연금강과 진리와 수행의 덕을 맡은 보현보살상이 배치되어 있다. 밀적금강과 나라연금강은 해탈문에서 불법을 수호하고 이 문을 통과하는 사람들을 지키는 역할을 하고 있다.

해탈문 뒤에는 천왕문이 있고 천왕문을 지나면 교화 공간인 북쪽 영역으로 건너가는 극락교가 있다. 천왕문 안에는 다른 절의 사천왕문처럼 사천왕상이 배치되어 있다. 사천왕문을 들어가면 오른쪽에 북방의 다문천왕과 동방의 지국천왕이 있다. 왼쪽에는 서방의 광목천왕과 남방의 증장천왕이 배치되어 있다. 4천왕은 천상계의 가장 낮은 곳인 수미산 중턱에 있는 사왕천의 네 지역을 지키면서 인간들이 불도를 따라 사는지 살펴어 그들을 올바르게 인도하는 역할을 한다.

해탈문 왼쪽 위로 올라가면 수행 공간 중심인 영산전(靈山殿)이 있다. 영산은 영취산의 준말로 석가모니가 제자들을 모아 놓고 『법화경』을 가르치던 곳이다. 이때의 법회 모임을 영산회상이라고 한다. 이 영산을 절 안의 전각으로 만든 것이 영산전이다. 영산전 안에는 대개 석가모니불을 중심으로 좌우에 제화갈라보살과 미륵보살을 배치한다. 마곡사 영산전은 이와 다르게 과거칠불과 현겁의 천불이 봉안되어 있어 천불전이라고도 한다.

마곡사 영산전은 조선 시대 문제적 왕인 세조와 생육신의 한 명인 김시습 사이에 얽힌 일화가 있는 곳이다. 매월당 김시습은 거열형에 처해진 성삼문 등 사육신의 시신을 거두어 노량진 가에 임시로 매장한 후 전국을 유랑하다가 마곡사에 들어 왔다. 김시습은 지금 선원으로 사용되는 매화당에 머물고 있었는데 세조가 자신을 만나러 이곳에 온다는 소식을 듣고 부여 만수산 무량사로 거처를 옮겼다.

　　　　내 생애 한 번쯤 절 여행을 떠난다면

마곡사 영산전

임금이 자기를 만나러 오는데도 무량사로 떠나는 김시습의 마음은 어떠했을까. 그가 남긴 칠언절구 시 한 편을 읽었다. 풀지 못한 한을 간직한 그의 마음이 조금은 헤아려졌다. 매화당 마루에서 청산, 태화산을 보고 있었을 그의 모습이 떠올랐다.

두견화 떨어지는 돌난간이여
곳곳이 내 집인 듯 보는 눈도 넉넉하네
진종일 꽃에게 물어봐도 꽃은 말이 없어
반쯤 열린 창으로 실비 내리는 청산이 보이네

杜鵑花落石欄干 處處虛堂望眼寬

盡日間花花不語 半窓微雨看青山

(두견화낙석난간 처처허당망안관

진일문화화불어 반창미우간청산)

　김시습이 떠난 뒤에 마곡사에 도착한 세조는 "김시습이 나를 버렸으니 가마를 타고 갈 수 없다."며 마곡사에 가마를 두고 소를 타고 갔다고 한다. 세조는 비록 김시습을 만나지 못했지만 이곳에 진한 흔적을 남겼다. 세조는 김시습이 머물던 매화당 옆에 있던 영산전을 보고 '만세가 지나도 없어지지 않을 곳'이라 극찬하고 〈영산전〉 현판을 써서 하사하였다. 글씨 끝에는 '세조대왕어필' 관지가 새겨져 있어 이 〈영산전〉 글씨가 세조가 쓴 글씨임을 알 수 있다.

　〈영산전〉 글씨는 획마다 힘이 있는 해서체로 써서 단아하면서도 묵직하며 시원하다. 그는 계유정난이란 끔찍한 정변을 일으키고 왕위에 올랐기에 정통성 문제로 늘 마음이 힘들었을 것이다. 그래서 세조는 이를 불식시키려는 듯 현실 정치에서 많은 업적을 남기고 불법에 호의적이었다. 숭유억불 정책을 이념으로 삼았던 조선 시대 불교 관련 업적을 가장 많이 남긴 세조로서 영산회상을 몰랐을 리 없다. 이러한 세조의 마음자리에서 〈영산전〉 글씨가 나오지 않았을까. 세조는 석가모니가 영취산에서 설법하던 모습을 연상하며 이 글씨를 썼을지도 모른다.

　김시습이 머물던 매화당과 영산전은 ㄱ자 모양으로 배치되어 있다. 계유정난 이후 살아생전에 두 사람은 만나지 못했지만 이곳에서는 두

　　　내 생애 한 번쯤 절 여행을 떠난다면

사람의 악연이 풀어지지 않았을까. 불법에 귀의한 김시습과 불교에 호의적인 세조는 이곳 매화당과 영산전에서 부처님의 설법을 들으며 그동안의 악연이 풀어졌길 기대하며 매화당 마루에서 영산전을 보며 오래 앉아 있었다.

영산전을 떠나면서 영산전 기둥에 걸려 있는 『능엄경』의 내용을 새긴 주련을 보았다.

> 허공이 큰 깨달음에서 생겨난 것이
> 바다에서 물거품 일어나는 듯하니
> 티끌같이 수 없는 중생의 세계도
> 모두 허공을 의지하여 생겨났도다
> 물거품이 소멸하듯 허공도 본래 없거늘
> 하물며 다시 삼계가 있을 수 있을까

> 空生大覺中 如海一漚發 有漏微塵國
> 皆從空所生 漚滅空本無 況復諸三有
> (공생대각중 여해일구발 유루미진국
> 개종공소생 구멸공본무 황부제삼유)

수행 공간인 남원 권역은 해탈문과 천왕문이 일반적 사례를 떠났고 제왕과 학자 간의 악연이 남아 있어 많은 사유를 하게 만드는 곳이다.

중생의 세계도 허공의 세계도 일체 물거품 같고 허깨비 같으니 '나'가 어디에 있겠는가. 이 몸과 마음은 연기하여 일어날 뿐 실체가 없는데 꿈같고 그림자 같은 것에 집착할 것이 있겠는가.

백범 김구가 다시 찾아온 곳 | 대광보전

수행 권역(남원, 남쪽 승원)에 있는 천왕문을 지나면 마곡천을 가로 지르는 극락교가 나온다. 극락교를 건너 북쪽으로 가면 교화 권역(북 원, 북쪽 승원)이 나온다. 그곳에는 대광보전과 대웅보전 이름을 가진

마곡사 마곡천과 극락교

　내 생애 한 번쯤 절 여행을 떠난다면

두 개의 주불전(본전)이 있고, 승려들이 생활하는 심검당과 백범 김구의 자취가 남아 있는 백범당이 배치되어 있다. 북원의 이런 가람 배치는 폐허로 남아 있던 절을 1650년 각순스님이 공주 목사의 도움을 받아 다시 지어 완성하면서 형성되었다고 한다.

그 후 1782년과 그 이듬해에 화재로 오층 석탑과 대웅보전을 제외한 대부분 전각이 화재로 없어졌다. 이에 체규스님이 충청도 관찰사의 지원으로 1785년부터 다시 지었다. 대웅보전은 본래 대장경을 보관하는 대장전이었는데 이 시기에 대웅보전으로 바뀌었다. 주불전이었던 대광보전이 불타 없어지자 대장전을 주불전으로 임시로 사용하다가 대광보전이 다시 지어진 후에도 대웅보전으로 계속 사용하면서 오늘에 이른 것으로 보인다. 1797년에는 심검당도 새로 지었다. 이로써 북원 영역은 탑 하나에 주불전이 두 개인 일탑쌍금당 형태의 가람배치가 완성되었다.

대광보전은 불교의 삼신불 사상에서 법신불인 비로자나불을 봉안한 주불전이다. 불상은 대체로 건물 앞을 바라보고 있는 것이 일반적이다. 그런데 마곡사 대광보전 안에 봉안되어 있는 비로자나불은 건물 앞에서 볼 때 오른쪽 문을 향하여 앉아 있는 자세로 배치되어 있다. 즉 서쪽에서 동쪽을 바라보는 자세로 되어 있다. 이런 배치는 영주 부석사 무량수전 안의 아미타불처럼 배치되어 있는 특이한 경우의 사례다.

서방극락정토를 관장하는 아미타불은 무량수전(극락전, 미타전) 안에서 서방인 서쪽에서 동쪽을 바라보는 것이 일반적인데 비로자나불

마곡사 대광보전 비로자나불

이 그렇게 배치된 것은 매우 희귀한 사례에 해당한다. 왜 그렇게 배치했을까. 혹시 남원 권역에서 북원 권역으로 건너온 극락교와 관계된 것은 아닐까. 극락이 아미타불이 관장하는 서방정토를 일컫는 말이기 때문에 극락교를 건너가야 맞이하는 대광보전을 서방 극락정토로 상정하고 본존불인 비로자나불을 그렇게 배치한 것은 아닐까 하고 생각해 보았다.

내 생애 한 번쯤 절 여행을 떠난다면

마곡사 대광보전(위)과 〈대광보전〉 현판(아래)

〈대광보전〉 현판 글씨는 조선 후기 서화가로 예원(예술계)의 총수였던 표암 강세황이 썼다. 화재로 소실된 대광보전을 1788년 다시 세운 후 강세황이 쓴 글씨를 판각하여 걸은 것이다. 이때는 강세황의 말년으로 그의 글씨가 원숙의 경지로 접어들었을 때였다. 글씨 왼쪽 아래에 '표암' 낙관이 새겨져 있어 강세황이 쓴 것을 나타내고 있다. 행서체로 쓴 글씨는 장중하면서도 무겁지 않다. 오묘한 듯하면서도 장중하다. 기쁨에 차 환희로워하지만 경박하지 않은 모습이다. 서방 정토에 가는 중생들의 모습도 이와 같지 않을까.

강세황은 청소년기 이전부터 서예에 뛰어난 재질을 보였다. 아버지와 형이 유배를 당하는 고초를 겪자 일찍 벼슬에 뜻을 접고 안산에 거주하며 처가의 경제적 지원을 받으며 예술적 재능을 키웠다. 그는 일생 동안 수많은 법첩과 필적을 통해 서예를 배워 중국 왕희지와 왕헌지를 근간으로 삼아 조맹부의 서법을 연마하여 해서·행서·초서에 일가를 이루었다. 그의 뛰어난 글씨는 청나라에까지 널리 알려졌는데, 청의 건륭제로부터 '미하동상(米下董上)'이라는 칭송을 들을 정도였다. 중국 송대 최고의 서예가인 미불보다는 아래이나 명대 최고의 서예가인 동기창보다 낫다는 평이다. 이 같은 평가를 받는 강세황의 글씨가 〈대광보전〉 현판으로 걸려 있으니 대광보전이 더욱 빛난다고 보아도 손색이 없다.

대광보전 안 바닥에는 본래 참나무 껍질 속의 목질을 째서 만든 돗자리인 삿자리가 깔려 있었다. 지금은 그 위에 카펫을 깔아 놓아 볼 수 없다. 이 삿자리에는 한 앉은뱅이 일화가 전해오고 있다. 예전에 한 앉은뱅이가 자신의 처지를 전생의 업보로 생각하여 비로자나불에게 백일 기도를 드리며 대광보전 안에서 바닥에 깔 삿자리를 짰는데 백일이 지나 삿자리가 완성되던 날 부처님께 절을 하며 일어섰다는 것이다.

듣는 입장에 따라 믿기 어려울 수도 있는 이야기인데, 절 관리를 맡고 있는 분에게 물어보았더니 실화라고 하였다. 물어본 내가 머쓱해졌

내 생애 한 번쯤 절 여행을 떠난다면

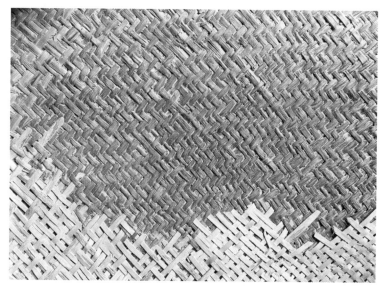

마곡사 대광보전 안 삿자리

다. 앉은뱅이의 간절한 서원과 법당의 바닥을 깔 삿자리를 짠 공덕의 결과가 아닐까 싶다. 법당을 장엄하고 법당에 들어오는 중생들의 성불을 바라는 염원 덕이 아니었을까. 나만을 위하는 것을 뛰어넘는 서원의 힘이 그를 일어서게 만든 것이다. 기적은 그냥 하늘에서 툭 떨어지는 것이 아니다.

대광보전 기둥에는 여섯 줄의 주련이 걸려 있다.

청정함이 지극하면 광명이 통달하여
고요히 허공을 머금고 비추네

돌이켜 세간을 관찰하니

마치 꿈속의 일 같네

비록 감각기관의 움직임이 있지만

핵심은 하나의 중심을 잡는 데 있네

淨極光通達 寂照含虛空 却來觀世間

猶如夢中事 雖見諸根動 要以一機抽

(정극광통달 적조함허공 각래관세간

유여몽중사 수견제근동 요이일기추)

　1895년 을미사변의 원흉인 일본군 장교를 죽이고 투옥되었다가 탈옥한 후 마곡사에 들어와 은신하다 상하이로 망명하여 임시정부 주석으로 독립운동을 했던 백범 김구는 8·15 해방 후 이곳 마곡사를 방문했다. 48년 만에 다시 찾아온 마곡사에서 그는 대광보전의 주련을 읽고 감동하여 '영원히 잊지 않겠다.'는 기념으로 대광보전 오른쪽에 향나무 한 그루를 심었다. 지금 향나무 옆에는 백범 김구가 마곡사에 머문 인연을 기념하는 백범당 건물이 있다. 절집에 불교 전각이 아닌 건축물이 있는 특별한 사례다. 〈백범당〉 현판은 서예가 착벽 이명복이 썼다.

　대한민국 독립운동사에 큰 획을 그은 백범 김구는 세 계절을 마곡사에서 보낸 인연으로 진한 흔적을 이곳에 남겨 놓았다. 48년 동안의 삶

　　　　　　　내 생애 한 번쯤 절 여행을 떠난다면

마곡사 백범당과 향나무

이 "마치 꿈속의 일 같다."던 그는 마곡사를 찾고 3년 후에 암살로 생을 마감하는 비운을 겪었다. 잠깐이라도 이곳 마곡사에서 은신 수행했던 김구, 그는 우리에게 '영원히 잊지 못할' 이름을 마곡사에 남겨 놓고 떠났다. 민족 지도자였던 백범 김구, 그는 우리 곁을 떠났지만 그가 심어 놓은 향나무는 사람의 향기를 실어 멀리까지 전하며 오랫동안 대광보전과 함께할 것이다.

"그때 무심히 보았던 (대광보전의 세 번째와 네 번째 주련의) 글귀가 오늘 자세히 보니 나를 두고 이른 말 같다."던 백범은 떠났지만 그가 남긴 사람의 향기는 향나무 향기와 함께 오래도록 법향과 함께 마곡사 가

람에 풍길 것이다. 〈대광보전〉 현판과 주련을 보며 한 앉은뱅이와 민
족 지도자의 사람 향기, 그리고 걸출한 서화가의 묵향과 대광보전에서
뿜어져 나오는 법향에 취해 오래 머물렀다.

반야 지혜의 칼을 찾는 곳 | 심검당

마곡사 남원에서 극락교를 건너가 북원에 도달하면 맨 먼저 시선을
끄는 것이 오층 석탑이고 그 뒤로 대광보전과 대웅보전이 있다. 그래
서 관람객은 오층 석탑을 보고 곧바로 대광보전과 대웅보전 쪽으로 발
길을 재촉한다. 자연스럽게 대광보전 왼쪽 아래에 배치된 심검당은 그
저 스쳐 지나가게 된다. 아쉬울 뿐이다.

마곡사 심검당(尋劍堂)은 지혜의 칼을 찾는 집이란 의미로, 스님들
이 거처하고 수행하는 요사채로 사용하고 있다. 심검당은 대광보전 왼
쪽 아래에 대광보전과 ㄱ자형으로 배치되어 있다. 대광보전 앞쪽은 마
곡천, 왼쪽은 심검당, 오른쪽은 응진당과 백범당이 경계를 만들며 마곡
사 안마당을 만들어 내고 있다. 이곳은 지혜의 칼을 찾는 수행자가 야
단법석을 하는 곳이고 법의 향기가 모이는 곳이다. 심검당에는 근대
서화가 두 명이 합작한 작지만 결코 가볍지 않은 글씨와 그림이 새겨진
〈마곡사〉 현판이 걸려 있다.

〈마곡사(麻谷寺)〉 현판은 우리나라 근대 최초의 요릿집인 명월관을

마곡사 심검당

왼쪽에 〈마곡사〉 현판, 오른쪽에 〈심검당〉 현판이 걸려 있다.

설립한 서화가인 죽농 안순환과 서예가 해강 김규진이 함께 쓰고 그렸다. 사찰 현판 작업을 함께한 것이다. 해강 김규진이 현판 글씨를 쓰고 그 현판 글씨 좌우에 죽농 안순환이 대나무와 난초 그림을 그려 넣었다. 대개 현판은 글씨로만 구성되어 있는데 이 〈마곡사〉는 서예가와 화가가 함께 만든 특이한 현판이다.

행서로 쓴 〈마곡사〉 글씨 중 '곡(谷)' 자는 마곡천이 남원과 북원을 ㄱ자형으로 가르며 휘돌아 가듯 썼다. 금방이라도 물이 흘러가는 착각을 불러일으킨다. '마(麻)' 자는 광덕산과 태화산이 만들어 내는 숲과 삼

마곡사 심검당에 걸려 있는 〈마곡사〉 현판

을 길렀던 삼밭을 연상시킨다. 양옆에 새긴 대나무와 난초는 어울리지 않는 듯 조화롭다. 대나무와 난초가 조선 선비들이 즐겨 그린 사군자이기에 그런 것인지도 모르겠다. 대나무와 난초는 세월의 흐름을 견디지 못하고 그림이 많이 탈색되었지만 군자의 향은 여전히 풍겨 온다.

마곡사 사부대중은 해강 김규진이 쓴 〈마곡사〉 현판 글씨가 꽤나 마음에 들었나 보다. 2018년 세계 유산으로 지정된 후 절 입구에 이를 알리는 돌로 된 안내판을 만들어 세웠는데, 해강 김규진의 〈마곡사〉 글씨를 확대하여 그 안내판에 새겨 넣었다. 심검당이 관람객의 시선 방향을 비껴가기 때문에 〈마곡사〉 현판을 보지 못하는 것이 안타까울 뿐이다. 아쉽게도 추녀가 깊어 현판이 잘 안 보이기도 한다.

불교는 지혜와 자비의 종교다. 사부대중의 수행자에게는 자비의 실천과 함께 증득해야 할 덕목이다. 지혜는 세간의 지식을 통해 얻는 지혜를 넘어 체험을 통해 깨달아야 하는 반야 지혜를 말한다. 일주문을

통과하여 해탈문을 지나고 극락교를 건너왔어도 번뇌가 쉽게 버려졌
겠는가. 이곳 심검당 〈마곡사〉 현판 아래 마루에 앉아 대광보전과 대
웅보전을 바라보면 어느새 고요 속으로 들어간다. 다만 마음속에서 생
겼다 사라지는 것들을 잘 챙겨 볼 뿐이다. 심검당은 누구나 앉아 지혜
의 칼을 찾는 곳이다.

전설대로 나무 기둥 안아 봐야 | 대웅보전

마곡사 대광보전 뒤에는 또 하나의 주불전인 대웅보전이 있다. 대웅
보전은 석가모니불을 봉안하는 전각이다. 대승경전인 『법화경』에서 석
가모니를 위대한 영웅, 즉 '대웅(大雄)'이라 일컬은 데서 유래하였다.

대웅전에는 석가모니불을 중심으로 좌우에 문수보살과 보현보살을
협시로 봉안하는 것이 기본이다. 그런데 마곡사는 대웅보전에는 석가
모니불을 중심으로 좌우에 약사유리광불과 아미타불을 협시로 봉안
하였다. 대광보전과 대웅보전은 앞뒤로 있지만 자리 잡은 방향은 약간
틀어져 있다. 석가모니불과 비로자나불이 같은 듯 다르기 때문일까.

대웅보전에는 대광보전처럼 재미있는 전설이 전해 오고 있다. 대웅
보전 안에는 네 개의 나무 기둥이 있는데 이 기둥을 안고 돌면 아들을
낳는 효험이 있다는 것이다. 또한 저승에 가면 염라대왕이 "마곡사 대
웅보전 안에 있는 나무 기둥을 안아 보았느냐."고 꼭 물어보는데 그렇

다고 대답하면 바로 극락으로 보내 준다는 것이다. 지금 나무 기둥은 사람들의 손길 때문인지 반질반질하다. 듣기에 따라서는 허무맹랑한 이야기 같지만, 아들을 낳고 싶어 하는 중생들의 염원이 투영된 이야기가 아닐까 싶다.

마곡사 대웅보전

〈대웅보전〉 현판은 신라 김생의 글씨라고 전해 오고 있으나 확실하지는 않다. 글씨는 획이 굵직굵직하면서 시원시원하다. 체격이 우람하지만 잘 단련된 운동선수 같다. 32상 80종호를 갖추고 무예에도 뛰어났던 석가모니의 모습을 보는 듯한 느낌도 든다. 웅비하는 모습 같다.

내 생애 한 번쯤 절 여행을 떠난다면

그러면서도 글씨는 한 점 흐트러짐이 없다. 대광보전을 앞에 두고 화신불인 석가모니불과 법신불인 비로자나불이 조화롭게 앉아 있는 듯하다.

대웅보전 안에는 삼세불도 탱화가 걸려 있다. 이 삼세불도를 그린 사람은 금호당 약효다. 그는 20대 초에 마곡사로 출가한 후 불화를 그린 화승이다. 화승은 불모라고도 부른다. 계룡산 일대에서 불모 약효를 중심으로 화맥이 형성되어 계룡산 화파를 이루었다. 지금 백범 김구가 은신하며 머물렀던 마곡사 백련암으로 오르는 길목에 있는 불모비림에 그 계보를 새겨 놓았다. 이로써 마곡사는 한국 근대 불화의 산실로서 뛰어난 불모들을 배출하고 불화를 제작 보급하는 불화소 역할도 했다.

마곡사 가는 길은 두 개가 있다. 마곡사 일주문을 지나 태화산 자락에 난 길을 따라가서 영산전, 해탈문과 천왕문이 있는 남원을 거쳐 극락교를 건너 대광보전과 대웅보전이 있는 북원으로 가는 길이 있다. 또 하나는 한국전통문화원을 거쳐 광덕산으로 난 길을 따라 템플 스테이 공간을 지나 백범 김구가 삭발했던 바위를 끼고 북원으로 진입한 후 극락교를 건너 남원으로 가는 길이 있다. 두 길 중 어느 코스를 선택하더라도 마곡천 극락교를 건너야 한다.

절의 전각 배치를 가람 배치라고도 한다. 가람은 불교의 우주관을 반영하여 배치한다. 불교의 우주관에 따르면 우주의 중심에 산들의 왕 수미산이 있고 그 주위를 여덟 개의 산과 바다가 동심원으로 둘러싸고 있다고 한다. 수미산 정상의 도리천에 부처님의 불국토가 있다. 제일

바깥쪽 바다와 산 사이의 남쪽에 있는 섬부주 대륙에 인간이 살고 있다. 그래서 중생들이 불국토에 오르려면 말 그대로 산 넘고 물 건너 수미산에 올라야 한다. 그래서 불국토에 있는 주불전까지 가는 길목에 여러 개의 다리를 설치했다.

마곡사는 주불전에 가는 길목에 유일하게 다리 하나가 있는데 그 다리가 극락교다. 그 극락교는 남원과 북원을 경계 짓는 마곡천을 가로질러 두 곳을 연결하고 있다. 그래서 마곡사에 가는 사람들은 어느 쪽으로 가더라도 극락교를 건너 서방 정토에 도달하는 체험을 하게 된다. 지극한 즐거움이 있는 곳, 극락에 가길 염원하는 것은 인지상정일 것이다. 그래서 마곡사는 누구나 극락 한 번 다녀올 수 있는 표를 주는 곳이다. 극락은 죽어서 가는 곳이 아니라 지금 가야 하는 곳이다.

속리산 법주사

절, 속세를 떠날 수 없네

도는 사람을 멀리하지 않으나 사람이 도를 멀리하고
산은 속세를 떠나지 않으나 속세는 산을 떠나네

道不遠人人遠道 山非離俗俗離山
(도불원인인원도 산비리속속리산)

 신라 헌강왕 때 고운 최치원이 속리산의 묘덕암을 둘러보고 지은 시
라고도 하고, 조선 선조 때 백호 임제가 속리산에 와서 쓴 시라고도 한
다. 누가 원조인지는 모르겠으나 '속세를 떠난 산[속리산(俗離山)]에 법
이 머무는 절[법주사(法住寺)]'이 들어섰으니 물러나고 들어섬이 절묘
하다. 법주사는 김제 금산사와 더불어 미륵 신앙의 성지로 여겨지는
사찰이다.

미륵 신앙 도량 | 금동미륵불상과 마애미륵불상

보은 법주사는 두 개의 창건 설화가 전해 오고 있다. 그중 하나는 신라 진흥왕 14년(553) 당나라에서 공부하고 돌아온 의신스님이 창건했는데, 의신스님이 귀국할 때 나귀에 불경을 싣고 와서 지었기 때문에 불법이 머무는 절, 법주사(法住寺)라고 했다는 것이다. 또 다른 하나는 진표율사의 법을 이어받은 영심스님이 창건하고 길상사라고 불렀다는 것이다.

진표율사는 김제 금산사 숭제법사의 문하로 출가한 후 부안 불사의 암(不思議庵)에서 돌과 바위로 몸을 두드리며 참회하는 망신참법(亡身懺法)으로 수도한 끝에 지장보살에게 계를 받고 미륵보살에게 『점찰경(占察經)』(『점찰선악업보경』)과 점치는 패쪽(간자) 189개를 받았다. 지장보살과 미륵보살로부터 미륵신앙 교법을 받은 진표율사는 김제 금산사를 중창하고, 속리산에 가서 길상초가 난 곳을 표시해 두고 금강산으로 가서 발연사를 지은 후 다시 부안으로 돌아왔다. 『점찰경』의 점찰은 '점을 쳐서 살핀다.'는 뜻인데, 운세 등을 점치는 것이 아니라 자기의 과거 업보를 점을 쳐서 살핀 뒤 참회한다는 것이다.

부안으로 돌아왔을 때 속리산의 영심스님이 진표율사에게 계를 받기를 청하자 가사와 바리때, 『공양차제비법』과 『점찰경』, 그리고 간자를 주며 속리산 길상초가 난 곳에 절을 세우고 중생을 구제하라고 하였다. 영심스님은 속리산으로 돌아와 길상초가 난 곳에 절을 세우고 길

내 생애 한 번쯤 절 여행을 떠난다면

상사라고 했다. 그럼 법주사를 처음 창건한 사람은 누구이고 원래 이름은 무엇이었을까. 지금은 의신스님이 창건하고 그로부터 2세기가 지난 후인 신라 혜공왕 12년(776)에 영심스님이 중창하며 법주사를 미륵 신앙의 도량으로 만들었다고 본다. 이렇게 하여 김제 금산사와 보은 법주사는 미륵 신앙의 성지가 되었다.

미륵 신앙은 미륵불이나 미륵보살을 신앙의 대상으로 삼는 불교 신앙이다. 석가모니불에게 장차 성불할 것이라는 수기를 받은 미륵보살이 도솔천에서 설법하다 56억 7천만 년 후 사바세계에 태어나 화림원 용화수(龍華樹) 아래에서 성불하고 3회에 걸친 설법으로 중생을 교화하여 구제한다는 신앙이다. 미륵 신앙에는 미륵상생 신앙과 미륵하생 신앙이 있다. 중생들이 죽어서 미륵보살이 설법하는 도솔천에 태어나기를 염원하는 것이 미륵상생 신앙이다. 그리고 미륵보살이 빨리 사바세계에 내려와 성불하여 중생을 구제하기를 바라는 것이 미륵하생 신앙이다.

우리나라 사찰에는 용화전이나 미륵전에 미륵불을 봉안한 곳이 많은 걸 보면 미륵상생 신앙보다는 미륵하생 신앙을 더 선호한 것 같다. 미륵반가사유상이 우리에게 익숙한 것도 미륵하생 신앙의 반영일까. 미륵반가사유상이 도솔천에서 설법하는 미륵보살이 사바세계에서 다시 태어날 때까지 중생 구제를 위한 자비심을 품고 먼 미래를 생각하며 명상하는 자세이기 때문이다. 사바세계 중생의 간절한 염원이 미륵보살에게 들려서 하루빨리 내려가고 싶어서 그러지 않았을까.

미륵은 산스크리트어 마이트레야(Maitreya)를 음역한 것이다. 마이트레야는 원래 '친구'를 뜻하는 미트라(mitra)로부터 파생된 것으로 '자비'라는 뜻을 내포하고 있다. 그래서 미륵보살을 자씨보살(慈氏菩薩)로 의역하기도 한다. 사찰에서 미륵불을 본존불로 봉안한 곳을 미륵전이라고 한다. 또한 용화수 아래에서 깨달음을 얻고 설법하기 때문에 용화전이라고도 한다. 그리고 미륵보살을 자씨보살로도 부르기 때문에 자씨전 또는 대자보전(大慈寶殿)이라고도 한다.

지금 법주사에 가면 팔상전 왼쪽으로 높이 33미터에 이르는 거대한 금동미륵불상을 볼 수 있다. 이 불상은 미륵 신앙의 성지로 많은 중생들의 신앙의 터전인 법주사의 상징과도 같은 불상이다. 그런데 이 불상이 이 자리에 이런 모습으로 세워지기까지 많은 사연이 있다. 지금 불상이 있는 자리에는 원래 영심스님이 법주사를 미륵 도량으로 중창할 때 조성한 2층으로 된 용화보전(龍華寶殿)이 있었다. 그리고 용화보전 안에는 금색의 장륙상(丈六像) 즉 금동미륵불이 봉안되어 있었다.

그런데 조선 시대 말기인 고종 9년(1872) 흥선대원군이 경복궁 중건을 위한 당백전 주조 명목으로 금동미륵불상을 압수하였고, 용화보전은 헐리고 말았다. 일제강점기인 1939년 용화보전이 있던 자리에 조각가인 김복진이 불상 복원을 시작해 1964년 신상균이 시멘트로 미륵불상을 완성했다. 1990년에는 다시 시멘트 미륵불상을 헐어내고 청동 불상을 세웠다. 2002년에는 청동 불상을 처음의 모습대로 순금 80kg으로 개금불사를 하여 지금의 금동미륵불상으로 만들었다. 금동미륵불상

내 생애 한 번쯤 절 여행을 떠난다면

아래로 내려가면 지하에 미륵보살이 머물고 있는 도솔천의 모습을 형
상화한 용화전이라는 법당이 있다. 이렇게 하여 130여 년 만에 용화전
과 금동미륵불상이 복원되었다.

법주사 금동미륵불상

홍선대원군이 무리한 경복궁 중건으로 인한 재정 고갈 등으로 권좌

에서 물러나게 되고, 대한제국은 일본을 비롯한 제국주의 국가들의 침탈을 견디지 못하고 망국의 비운을 겪게 되었다. 현세에서 힘든 삶을 살아가는 중생들에게 미륵부처님은 고단한 삶을 위로받고 구제받을 수 있다는 희망의 상징이었다. 그런데 왕실의 권위와 권력의 뒷받침을 위해 금동미륵불은 백성 곁을 떠나게 되었다. 그 후 일제의 가혹한 식민 지배를 받으며 백성들의 삶은 더 어려워졌으니 참으로 아이러니한 일이었다.

법주사 마애미륵불상(우)과 마애지장보살상(좌)
미륵불상과 지장보살상이 나란히 조각되어 있어
법주사가 미륵 신앙의 도량임을 나타내고 있다.

내 생애 한 번쯤 절 여행을 떠난다면

법주사 사리각 옆 암벽에는 고려 시대의 대표적인 마애미륵불상이 있다. 미륵불이 연꽃에 기대어 앉아 있는 모습이라 마애여래의상(磨崖如來倚像)이라고도 한다. 결가부좌를 하거나 서 있는 모습이 아니라 이렇게 의자에 앉아 있는 것처럼 되어 있는 모습은 왕이 취하는 자세에서 유래했다고 한다. 미륵보살이 하생하여 미륵불로 나타날 때는 전륜성왕이 통치하는 태평성세라 왕의 자세를 취하는 불상을 만들었다.

마애미륵불상의 오른쪽에는 음각으로 짐을 실은 말을 끄는 사람, 말 앞에 꿇어앉은 소 등을 묘사하였다. 이것은 의신스님이 법주사를 창건할 때 불경을 실어 오는 모습을 새겨 놓은 것이 아닐까. 그리고 '꿇어앉은 소'는 또 하나의 법주사 창건 설화에 영향을 끼친 진표율사와 관계된 것일 듯싶다.

『삼국유사』에 의하면 진표율사가 김제 금산사에서 속리산을 향해 갔을 때 소달구지를 탄 사람을 만났는데 소들이 진표율사 앞으로 와서 무릎을 꿇고 눈물을 흘렸다고 한다. 소달구지 탄 사람이 사연을 물으니 "내가 지장보살과 미륵보살의 계법을 받은 것을 소가 알고 불법을 소중하게 여겨 무릎을 꿇은 것."이라고 진표율사가 말했다. 진표율사의 말을 들은 그 사람이 그 자리에서 머리를 자르고 출가하려고 하자 진표율사가 계를 주고 떠났다. 진표율사는 속리산 골짜기에 이르러 길상초가 난 곳을 표시해 두고 금강산으로 향했다.

미륵 신앙은 백성들이 현실의 힘든 삶을 견뎌 내고 희망을 갖게 하는 신앙이었다. 그래서인지 미륵 신앙은 지배층의 부패와 백성의 수탈에 맞서 새로운 사회의 출현을 바라는 사람들에게 사상적 바탕이 되기도 했다. 평야 지대가 많고 탐관오리의 수탈이 심했던 호남 지역에 미륵 신앙의 메카로 불리는 김제 금산사가 있다는 것이 우연이 아닌 듯하다. 한편 국왕을 비롯한 지배층은 미륵 신앙을 자기의 권위를 높이거나 백성을 통합하는 데 이용하기도 했다. 후삼국의 혼란 시기에 궁예가 미륵을 자처한 것이 그 예 중 하나다. 후삼국 시대 삼국의 각축장이었던 충청 지역에 미륵 신앙의 성지인 법주사가 있는 것도 아주 우연은 아닌 듯하다.

법주사는 속리산에 있지만 평평한 곳에 가람이 배치되어 있고, 마당이 넓다. 넓은 마당은 사람들이 많이 모이기에 좋다. 도심 속에 있는 넓은 광장에 시민들이 많이 모일 수 있는 것과 같다. 그렇다면 법주사 마당도 사람들이 많이 모일 수 있도록 넓게 만든 것일까. 광장이 시민들이 집회를 열기에 좋듯이 넓은 절 마당은 대규모 법회를 열기에 안성맞춤이다. 그래서 법주사도 큰 법회를 열 수 있도록 마당을 넓게 만든 것일까. 아니면 미륵보살이 도솔천에서 내려와 성불한 뒤 수많은 중생들에게 법회를 할 수 있도록 넓게 만든 것일까.

법주사는 임진왜란 때에는 충청도 지방의 승병 본거지였다. 이 때문에 법주사와 산내 암자가 모두 소실됐다. 1945년 8·15 해방 후 6·25 전쟁까지 토벌대와 빨치산이 싸우는 전쟁터였다. 이때 대부분 암자가 소실되었다. 짓고 불타고 또 짓고 불타고, 그리고 또 짓고 했다. 미륵보살이 내려올 때까지 계속될 것인가. 미륵불의 정토인 용화세계는 언제

올 것인가. 수많은 생을 거듭하며 참회하고 선을 행하여 지혜와 자비가 머무는 곳으로 될 때 미륵보살이 이곳에 내려오지 않을까.

부처님의 일대기 | 팔상전

법주사 일주문 앞에 서면 두 개의 현판이 보인다. 앞쪽에는 행서체로 쓴 〈호서제일가람〉, 안쪽에는 전서체로 쓴 〈속리산대법주사〉 현판이 걸려 있다. 법주사가 호서 지방에서 가장 중심에 위치한 사찰이었다는 점과 규모가 큰 절이었음을 나타내고 있다. 일주문 현판에는 그 사찰의 가장 특징적이거나 내세울 만한 수식어를 붙이는 것이 일반적이란 점에서 볼 때 수긍이 가는 표현이다.

이런 수식어에 걸맞게 법주사는 국보, 보물 등의 문화유산이 유난히 많다. 팔상전, 쌍사자석등, 석연지 3점이 국보로 지정되어 있다. 대웅보전 외 11점이 보물로, 사천왕문 외 21점이 지방유형문화재다. 이 외에 문화재 자료 2점, 천연기념물 2점이 있다. 그리고 법주사와 그 일원이 사적과 명승으로 지정되어 있다. 2018년에는 법주사가 유네스코 세계 문화유산으로 지정되었다. 한마디로 법주사 전체가 문화유산이다. 그중에서 가장 유명한 것이 팔상전이다.

팔상전은 석가모니 부처님의 일대기를 여덟 장면으로 그린 팔상도(八相圖)를 봉안한 법당을 말한다. 팔상도는 석가모니 부처님이 카필

라성에서 정반왕의 아들 싯다르타 태자로 태어나 깨달음을 이루고 부처가 되어 45년 동안 팔만사천법문을 하다가 열반할 때까지의 많은 일들 중에서 중요하다고 여겨지는 여덟 장면을 그린 것이다. 팔상도를 팔상성도, 석가팔상이라고도 한다. 팔상도를 봉안한 법당을 팔상전 또는 영산전이라고 한다.

우리나라에서 팔상도가 정착된 것은 조선 시대다. 1459년 세조의 명으로『월인천강지곡』과『석보상절』을 합하여 석가모니 부처님의 일대기인『월인석보』를 편찬하였다. 팔상도는『월인석보』에 수록된 석가모니 부처님의 생을 그린 여덟 장면을 모본으로 삼아 그렸다. 200여 장면이 넘는 석가모니 부처님의 일대기를 여덟 장면으로 줄인 것이다. 법주사 복천암과 정이품송이 세조와 밀접한 관련이 있듯이 팔상전도 세조와 깊은 인연이 있다. 팔상도의 여덟 장면은 다음과 같다.

첫째 장면은 도솔래의상(兜率來儀相)이다. 도솔천에서 내려오는 장면이다. 이 그림에는 마야 부인이 흰 코끼리를 탄 호명보살이 내려오는 꿈을 꾸고, 입태되는 장면, 그리고 정반왕과 마야 부인이 바라문에게 꿈에 대해 물어보는 장면 등이 표현되어 있다.

둘째 장면은 비람강생상(毘藍降生相)이다. 룸비니 동산에서 태어나는 장면이다. 이 그림에는 마야 부인이 무우수 가지를 붙잡고 오른쪽 옆구리로 싯다르타를 출산하고, 갓 태어난 싯다르타가 하늘과 땅을 가리키며 천상천하유아독존을 외치고, 제천들이 보물들을 바치며, 아홉 마리의 용이 싯다르타의 몸을 물로 깨끗이 씻고, 아시타 선인이 예언하는 장면 등이 묘사되어 있다.

셋째 장면은 사문유관상(四門遊觀相)이다. 인간의 생로병사를 알게 되는 장면으로, 싯다르타 태자가 성장하여 네 개의 성문을 나가 노인, 병자, 시체를 보고 인생무상을 느끼는 모습, 마지막으로 수행하는 사문을 보고 출가를 결심하는 모습이 표현되어 있다.

넷째 장면은 유성출가상(踰城出家相)이다. 싯다르타 태자가 성을 뛰어넘어 출가하는 장면이다. 이 그림에는 태자궁에서 싯다르타 태자를 유혹하던 시녀들이 취하여 잠자고 있고, 태자가 말을 타고 성문을 뛰어넘는 장면, 그리고 마부 찬타카가 돌아와 이 사실을 알리자 왕비와 태자비가 그의 행방을 묻는 장면이 묘사되어 있다.

다섯째 장면은 설산수도상(雪山修道相)이다. 싯다르타가 머리를 깎고 설산에서 수도하는 장면이다. 이 그림에는 싯다르타가 삭발하고 사문의 옷을 입는 장면, 정반왕이 교진여 등을 보내 태자에게 왕궁으로 돌아오기를 권하는 장면, 농부의 딸이 싯다르타에게 우유죽을 바치는 장면, 웃다까 라마풋다 등 여러 스승을 찾아다니는 장면 등이 표현되어 있다.

여섯째 장면은 수하항마상(樹下降魔相)이다. 보리수 아래에서 마왕 파순을 항복시키는 장면이다. 이 그림에는 마왕이 마녀로 하여금 싯다르타를 유혹하거나 마왕의 무리가 코끼리를 타고 태자를 위협하지만 마왕의 항복을 받아 부처가 되는 장면이 묘사되어 있다.

일곱째 장면은 녹야전법상(鹿野轉法相)이다. 석가모니 부처님이 사르나트 녹야원에서 최초로 설법하는 장면이다. 이를 초전법륜이라고 한다. 이 그림에는 석가모니 부처님이 다섯 사문에게 설법하고, 교진여 등 다섯 사문이 설법을 듣는 장면, 기원정사를 건립하는 장면 등이 표현되어 있다.

여덟째 장면은 쌍림열반상(雙林涅槃相)이다. 두 그루의 사라수 아래에서 열반에 드는 장면이다. 이 그림에는 쿠시나가르의 사라쌍수 아래서 열반에 들고 사부대중이 슬퍼하는 모습, 금관에 입관된 부처가 제자 가섭의 문안을 받고 두 발을 관 밖으로 내보이는 장면, 다비하여 사리가 나오자 여덟 나라의 왕들이 서로 차지하려고 다투는 장면이 묘사되어 있다.

법주사 팔상전(捌相殿)은 우리나라에 남아 있는 목탑 중 유일하게 근대 이전에 지어진 5층 목탑으로 유명하다. 그래서인지 관광객들은 팔상전 외관에는 관심을 갖지만 그 안에 봉안되어 있는 팔상도와 부처의 삶에 대해서는 상대적으로 눈길을 주지 않는다. 팔상전 안으로 들어가면 통층이라 5층까지 사람이 걸어 올라갈 수 없다. 팔상도는 대개 여덟 폭에 각각 그려서 봉안하는데 법주사 팔상도는 2개씩 한 폭에 묶어 네 폭에 그려 팔상전 안 가운데 기둥의 네 면에 봉안하였다. 팔상전은 팔상도(八相圖)를 봉안했기 때문에 팔상전(八相殿)으로 써야 할 것 같은데 법주사 팔상전의 '팔'은 팔(八)이 아니라 팔(捌)로 썼다. 두 글자는 갖은자이기에 숫자로 쓸 때 혼용해서 쓰는데 법주사 팔상전의 팔이 고유명사이기에 팔(捌)로 썼다고 한다.

　　　　　　　　내 생애 한 번쯤 절 여행을 떠난다면

법주사 팔상전

　법주사 일주문을 지나면 금강문이 나오고 그다음에 두 그루의 장대
같이 솟아 있는 나무 뒤로 사천왕문이 있다. 사천왕문을 지나면 육중
하고 안정감이 있는 오층 목탑의 팔상전이 나온다. 팔상전 뒤로는 쌍
사자 석등, 사천왕 석등, 대웅보전이 일직선상에 차례로 배치되어 있
다. 왼쪽으로는 거대한 금동미륵불상이 서 있고 오른쪽에는 종각과 궁
현당 등의 전각이 배치되어 있다. 팔상전은 법주사 전체 가람의 중심
에 배치되어 있는 모습이다.

　제일 뒤에 있는 대웅보전에는 석가모니불이 아니라 비로자나불이
본존불로, 그 좌우에 노사나불과 석가모니불이 배치되어 있다. 대웅보

전에는 보통 석가모니불이 본존불로 배치되는데 법신불인 비로자나불을 봉안하고 있다. 팔상전이 부처님의 일대기, 즉 화신불인 석가모니불을 배치한 것과 같으니 대웅보전에는 법신불을 배치한 것이 아닐까 싶다. 팔상전 왼쪽에는 미래불인 미륵불을 배치하고 있어 현세불인 석가모니불과 법신불인 비로자나불이 삼각형 모양으로 배치되어 있다.

불교는 거칠게 말하면, 스스로에게 물은 근본적인 질문에 대한 해답을 찾기 위해 출가 후 중도로 깨달음을 이룬 후 온 생애 동안 중생 교화를 하고 대열반에 든 석가모니 부처님이 걸었던 길을 가르쳐 주는 종교다. 불자들은 석가모니 부처님이 몸소 걸어갔던 길을 따라가는 것인지도 모른다.

법주사 팔상전의 팔상도를 오른쪽으로 세 바퀴 돌며 예경하는 우요삼잡(右繞三匝)을 하고 나서 문득 이런 생각이 떠올랐다. 과연 내 생애의 주요 장면을 그린다면 몇 장면이 나올까. 생애의 주요 마디마다 거쳤어야 할 과정을 거쳤는가. 그리고 행복, 즉 이고득락(離苦得樂)을 하기 위한 정진을 하고 있는가.

법주사 팔상전은 팔상도를 보는 사람들에게 스스로의 일대기를 그려 보는 곳이다. 석가모니 부처님도 열반에 들기 전 제자들에게 "자기 자신을 등불로 삼고 자기를 의지하라. 또한 진리를 등불로 삼고 진리를 의지하라. 이밖에 다른 것에 의지해서는 안 된다[자등명법등명(自燈明法燈明)]."라고 당부하지 않았는가. 국보가 다만 건축적 아름다움이나 오래되었다는 것만으로 지정되는 것은 아닐 것이다.

법주사 팔상전 도솔래의상, 비람강생상(좌)과 녹원전법상, 쌍림열반상(우)

세조와 신미대사 | 법주사 복천암

속리산 법주사에는 여러 산내 암자가 있는데, 그중 복천암은 세조가 방문하여 머물면서 이름이 널리 알려지게 되었다. 피부병을 앓던 세조가 복천암에서 수행하던 신미대사, 학조스님과 함께 3일 동안 기도를 드린 뒤, 암자에 이르는 길목의 목욕소(沐浴沼)에서 목욕하고 피부병이 나았다고 한다. 세조는 이에 대한 보답으로 절을 중수하도록 하고, 〈만년보력(萬年寶曆)〉이라고 쓴 사각옥판(四角玉板)을 하사하였다.

세조의 지원으로 복천암을 중수한 신미대사가 2013년 한글 창제 논란의 중심으로 떠올랐다. 당시 조선 세종태학원 총재인 강상원이 '신미대사와 훈민정음 창제 학술강연회'에서 훈민정음 창제 시기인 1443년보다 8년 앞선 1435년에 한글과 한자로 된 『원각선종석보(圓覺禪宗釋譜)』라는 불교 고서가 신미대사에 의해 출간됐다고 주장했기 때문이다.

그 후 『원각선종석보』를 바탕으로 소설과 영화가 만들어졌다. 2014년 소설가 정찬주는 훈민정음 자체를 신미대사가 만들었다는 내용의 소설 『천강에 비친 달』을 발표했다. 또한 영화 〈나랏말싸미〉에서 신미대사가 한글 창제에 직접 참여했다는 가설이 제기되었다. 이로 인해 신미대사와 한글 창제 관련에 대해 다시 논쟁이 벌어졌다.

신미대사(1403~1480)는 집현전 학사를 지낸 김수온의 형이다. 과거에 합격하여 집현전의 학사가 되었지만 벼슬에는 큰 뜻이 없었는데 우연히 접한 불교 경전에 빠져 출가하였다고 한다. 그는 언어학에 능통

내 생애 한 번쯤 절 여행을 떠난다면

하였는데 이를 계기로 세종에서 세조대에 걸쳐 『석보상절』, 『월인천강지곡』, 『월인석보』 저술에 참여하고 『원각경언해』 등 불경을 한글로 번역하는 등 한글 보급에 기여했다.

이를 증명이라도 하듯 세종의 유언에 따라 문종이 '선교종도총섭 밀전정법 비지쌍운 우국이세 원융무애 혜각존자(禪敎宗都摠攝 密傳正法 悲智雙運 祐國利世 圓融無礙 慧覺尊者)'라는 긴 칭호를 내렸다. 이 중 조정의 장상(將相)이나 대신에게 줄 때라 하더라도 논의를 거치는 '나라를 돕고 세상을 이롭게 했다.'는 우국이세(祐國利世) 칭호를 승려에게 내리는 것이 부당하다는 사대부 관료들의 반대에 부딪쳤다.

이에 문종은 '우국이세'를 삭제하고 다른 글자를 덧붙여 '대조계 선교

법주사 복천암

종도총섭 밀전정법 승양조도 체용일여 비지쌍운 도생이물 원융무애 혜각종사(大曹溪 禪敎宗都總攝 密傳正法 承揚祖道 體用一如 悲智雙運 度生利物 圓融無礙 惠覺宗師)'라는 칭호를 내렸다. 유교적으로 대단하다는 의미를 갖는 우국이세 칭호를 승려에게 붙여 줄 수 없다는 것이었다. 지금 복천암 극락보전에 보관하고 있는 신미대사 영정에는 문종이 원래 내린 칭호를 쓰고 있다.

그럼 왜 세종의 유지를 받든 문종은 '우국이세' 칭호를 내리려 했을까. 아마도 한글 창제와 반포 후, 이를 널리 펴는 데 신미대사가 크게 공을 세웠기 때문이 아닐까 싶다. 이렇게 복천암은 신미 대사와 세조 그리고 한글 보급과 깊은 관련이 있는 곳이다. 그런데『원각선종석보』를 근거로 신미대사가 한글 창제에 주도적인 역할을 했다는 주장에 대해서는 전문 학자들에 의해 여러 가지 근거로 부정되고 있다.

물론 과학자 혼자 연구하여 학설을 발표하듯이 세종 혼자 한글을 창제했다는 친제설에 대해 학자들 사이에서 꾸준히 의문이 제기되었다. 그래서 세종이 주도하고 신미 등이 도움을 주었다는 친제협찬설을 제기하는 학자들도 있었다. 그런데『조선왕조실록』에 따르면 세종이 '신미의 이름을 들은 때가 1446년, 만난 때가 1450년'이고, '훈민정음만은 왕이 직접 만들었다.'고만 기록되어 있다. 즉 한글을 창제하고 반포한 후 신미대사를 만난 셈이다. 그래서 실록에 의하면 신미대사나 그 외 누가 참여했든 안 했든 주체는 오직 세종대왕 하나뿐이라고 기록해 놓고 있다.

내 생애 한 번쯤 절 여행을 떠난다면

또한 『원각선종석보(圓覺禪宗釋譜)』는 15세기 당시의 한국어 어법이나 표기와 들어맞지 않기 때문에 후대에 만든 위작으로 추정하고 있다. 역설적이게도 〈나랏말싸미〉 영화는 친제협찬설 관점에서 조연 역할인 신미를 집중 조명함으로써 한글 창제자가 신미라는 오해를 불러일으켰고, 오히려 한글 보급에 기여했던 신미대사의 공로가 퇴색되는 결과를 초래했다. 더군다나 '한글 창제는 세종대왕'이라는 국민의 인식과 정서에도 맞지 않았다.

복천암은 충청북도 보은군 속리산면 속리산에 있는 법주사의 산내 암자로 720년에 창건되었다. 고려 공민왕은 복천암 극락전에 〈무량수(無量壽)〉라는 현판을 친필로 써서 내렸다. 지금은 복천선원 안에 걸려 있다. 복천암에는 세조가 높이 예우했던 신미대사의 부도탑인 수암화상탑과 학조대사의 부도탑인 학조화상탑이 외곽의 능선에 나란히 건립되어 있다. 부도 표면에 명문이 새겨져 있어 주인공과 건립 시기를 명확하게 알 수 있다. 수암화상탑은 1480년, 학조화상탑은 1514년에 건립되었다.

법주사 일주문을 지나 속리산 천왕봉과 문장대 방향으로 4km 정도 오르면 복천암이 나온다. 이 십리 길 구간은 '세조길'로 명명되어 복천암에 오르는 사람들에게 세조와 복천암의 관련성을 생각하게 한다. 복천암에서 이백여 미터 떨어진 곳에 신미대사 수암화상탑이 있는 것만으로도 신미대사의 위상을 짐작하게 한다. 『월인석보』를 지었던 세조의 피부병과 복천암 중수, 불경 언해는 신미대사가 한글 보급에 크게 기여했음을 증명하고 있다. 지금 21세기 첨단 발명품인 스마트폰 액정판을 누를 때마다 자음과 모음이 어울려 내 의식과 지식을 펼쳐 놓으니 한글이 있다는 게 이렇게 고마울 수가 없다.

내 생애 한 번쯤 절 여행을 떠난다면

천등산 봉정사

가장 한국적이고 자연스러운 절

"가장 한국적이고 자연스러운 모습을 보고 싶다."

우리나라를 방문한 외국인이 이런 질문을 하면 어느 곳을 추천해야 할까. 가장 한국적인 곳과 가장 자연스러운 곳을 동시에 만족하는 곳이어야 하니 선뜻 떠오르지 않을 수도 있다. 쉬우면서도 어려운 개방적인 질문이다. 이런 질문은 정답이 없을 것이다. 그래도 다수의 한국인이 인정하는 곳은 있을 것이다.

1999년 영국 여왕 엘리자베스 2세가 우리나라를 방문했을 때 위와 같은 요청을 했다. 그때 선정된 곳이 안동 봉정사였다. 봉정사를 방문했던 여왕은 "조용한 산사 봉정사에서 한국의 봄을 맞다."라는 방명록을 남겼다. '가장 한국적이고 자연스러운 곳'이 '조용한 산사 봉정사'였다.

가장 오래된 목조 건물 | 극락전

봉정사 주차장에서 조금만 오르면 일주문이 나온다. 은초 정명수가 쓴 〈천등산봉정사〉 현판이 이곳이 조용한 산사 봉정사임을 알려 준다. 글씨는 화려하지 않고 소박하다. 행서체로 썼지만 해서체인 듯 단정하다. 일주문은 다른 사찰과 다름없는 구조로 되었고 지붕 측면에 바람막이 판을 달았다.

봉정사 일주문

대망산으로 불렸던 천등산은 봉정사를 창건한 능인대사와 관련된

내 생애 한 번쯤 절 여행을 떠난다면

일화로 지금의 이름을 얻었다. 능인대사가 바위굴에서 수행하던 중 스님의 도력에 감복한 천상의 선녀가 하늘에서 등불을 내려 굴 안을 환하게 밝혔다고 한다. 그 후로 바위굴을 천등굴, 산 이름을 천등산으로 바꾸었다고 한다.

봉정사라는 절 이름도 능인대사와 관련된 설화로 인해 얻었다. 천등굴에서 수행하던 능인대사가 종이 봉황을 접어서 날렸는데 지금의 봉정사 자리에 와서 떨어졌다. 이곳에 절을 짓고 봉황이 머무른 곳이라 하여 봉황 '봉(鳳)' 자에 머무를 '정(停)' 자를 따서 봉정사라 이름 지었다.

'가장 한국적'이려면 한국인이 만든 것으로 시간의 풍화를 견디며 살아남아 오랜 시간의 축적이 있는 곳이어야 한다. 또 '자연스러운 모습'이려면 인위적인 손길이 최대한 절제된 곳이어야 한다. 여왕의 요청에 당시 담당자들이 봉정사에 있는 극락전과 대웅전이 이 두 가지 조건을 갖춘 것으로 판단한 듯하다.

봉정사 극락전은 예산 수덕사 대웅전, 영주 부석사 무량수전과 함께 가장 오래된 고려 시대 건축물로 초·중·고 교과서에도 나오니 누구나 수긍할 만하다. 그런데 세 전각 중 어느 것이 가장 오래되었을까. 봉정사 극락전이 1363년, 부석사 무량수전이 1376년에 중수되었다. 이것만 보면 봉정사 극락전이 더 오래되었다고 볼 수 있다. 전문가들도 건축 양식으로 볼 때 봉정사 극락전이 더 오래된 양식이라고 한다.

나무와 기와로 지은 전각은 화재 등으로 소실되지 않는 한 대체로 150년에서 200년 내외 주기로 중수한다고 한다. 수덕사 대웅전은 1308

년에 지어졌다는 기록이 나왔다. 그러면 수덕사 대웅전은 1400년대 이후에 중수했을 것으로 보인다. 또한 봉정사 극락전과 부석사 무량수전도 중수한 기록만을 기준으로 봉정사 극락전이 더 오래되었다고 확정할 수는 없다.

봉정사 극락전

그럼 세 전각 중 어느 것이 가장 오래되었을까. 단정 지을 수 없기 때문에 세 전각을 우리나라에서 가장 오래된 목조 건축물이라고 말할 수밖에 없다. 그래도 굳이 순서를 매긴다면 발견된 기록과 나무기와 집의 특성을 종합적으로 볼 때 봉정사 극락전이 가장 오래되었다고 볼 수

내 생애 한 번쯤 절 여행을 떠난다면

있다. 그래서 여왕의 요청에 안동이라는 지역이 갖는 특수성과 아울러 봉정사가 선정되었을 것이다.

지금 봉정사는 극락전과 대웅전이 양쪽 옆으로 나란히 배치되어 있다. 대웅전을 기준으로 볼 때 대웅전 좌측에 무량해회, 우측에 화엄강당이 있다. 극락전을 기준으로 볼 때 극락전 좌측에 화엄강당, 우측에 고금당이 배치되어 있다. 그러니까 화엄강당이 극락전 구역과 대웅전 구역을 나누는 경계인 셈이다. 대웅전 앞쪽에는 만세루가 있어 대웅전 구역은 ㅁ자 형태를, 극락전 구역은 ㄷ자 형태로 가람이 배치되어 있다.

극락전은 서방 극락정토의 주불인 아미타불만 봉안하였다. 단청을 하지 않은 천장은 정교하고 복잡한 장식을 갖춘 닫집이 서방 정토를 장엄하고 있다. 아미타불을 중심으로 관세음보살과 대세지보살을 함께 그린 후불탱화가 아미타불 뒤에 걸려 있다. 극락전은 정면 3칸, 측면 4칸으로 주심포식 맞배지붕이다. 〈극락전〉 현판은 송파 권인이 썼다.

극락전 안과 외관은 화려함과는 거리가 멀다. 오랜 시간 이곳에는 수많은 수행자들과 대중들이 드나들었을 것이다. 그들은 부처님에게 예불을 드리고 서원했을 것이다. 또 소원도 빌었을 것이다. 불교는 서원의 종교라고 한다. '무엇을 하겠습니다.'라고 하는 것은 서원이고, '무엇을 해 주세요.' 하는 것은 소원이다.

극락전 안 주불인 아미타불은 과거 법장비구였을 때 모든 중생을 구원하려고 48가지 서원을 세우고 수행에 정진하여 아미타불이 되었다고 한다. 법장비구가 단지 소원만 하고 서원을 세워 정진 수행하지 않았으면 아미타불도 없고 극락전이나 무량수전도 세워지지 않았을 것이다. 극락전 안의 아미타불은 이곳에 들어오는 모든 사람에게 서원하고 발원할 것을 그렇게 오랫동안 묵언으로 가르치고 있는지도 모른다.

영국 여왕이 다녀갔네 ｜ 대웅전

대웅전은 정면 3칸, 측면 3칸의 다포식 팔작지붕이다. 다른 사찰에서는 볼 수 없는 툇마루와 난간이 있다. 양반 사대부 집에나 있을 법한 건축이다. 툇마루와 난간은 후대에 추가로 설치한 듯하다. 이를 유교의 흔적으로 보는 사람도 있는데 그럴듯한 견해다. 대웅전 앞에는 석탑이 없어 삼층 석탑이 있는 극락전과 대조적이다. 석탑과 석등이 없어 허전한 듯하기도 하지만 간결하다.

대웅전 안에는 석가모니불을 중심으로 관세음보살과 지장보살을 좌우에 협시로 한 석가삼존상을 봉안했다. 천장에는 별도의 닫집이 없이 천장을 파고 들어간 보개를 설치하였다. 석가삼존상 뒤에는 영산회상도를 그린 후불탱화가 걸려 있다. 석가삼존상 왼쪽에는 "조용한 산사 봉정사에서 한국의 봄을 맞다."라는 영국 여왕의 방명록을 전시해 놓았다.

해서체로 쓴 〈대웅전〉 현판은 〈극락전〉 현판과 같이 반듯하면서도 힘 있게 썼다. 글자의 획 사이가 빈틈이 없고 꽉 찬 듯한 느낌이다. 대

만세루에서 바라본 대웅전

웅전 왼쪽에 있는 무량해회는 수행자의 거처인 요사채로 사용하고 있다. 오른쪽에는 강학을 하는 화엄강당이 있다. 〈화엄강당〉과 〈무량해회〉 현판은 석능 김두한의 글씨다. 해서체 글씨의 두 현판은 굵고 부드럽다. 오랜 풍상을 견딘 대웅전의 모습을 대변하는 듯하다.

퍼시벌 로웰, 새비지 랜도어 등 구한말 조선을 다녀간 서양 사람들은 그들의 기행문 제목에 '고요한 아침의 나라'라는 말을 쓰고 있다. 그들이 보기에 당시 조선은 고구려의 정열과 힘을 상실한 것처럼 보였을 것이다. 그런 조선이 해방 후 눈부신 발전과 성장을 했다. '정열과 힘이 부활'한 것이다.

대웅전 안에 전시되어 있는 영국 여왕의 방명록을 보며 혹시 1999년 영국 여왕도 우리나라를 구한말의 상황으로 인식한 것은 아니었을까 하는 가당치도 않은 생각이 떠올랐다. 대웅전과 극락전을 중심으로 여섯 개의 전각이 옹기종기 모여 있는 봉정사는 영국 여왕의 소감처럼 조

세계 유산으로 빛나는 절

용한 산사다. 이 조용함이 고요한 선정에 든 수행자의 모습이면 좋겠다. 사찰은 건축의 오래됨으로만 가치를 매길 수 있는 곳이 아니다. 사찰은 일차적으로 사부대중의 수행과 생활의 공간이기 때문이다.

현판 없는 건물을 보다 | 만세루

봉정사에 가면 대웅전 앞에 있는 만세루를 볼 수 있을 거라 기대하고 갔다. 그런데 이게 웬일인가. 보수 공사 중이었다. 만세루 1층 중앙의 통로를 지나 국보 대웅전으로 오르는 멋진 모습을 상상했는데 물거품이 되었다. 동농 김가진과 석능 김두한이 멋진 필체로 쓴 현판들도 볼 수 없었다. 만세루는 지금 만세루가 아니었다. 그냥 보수 중인 기와집이었다.

만세루에는 네 개의 현판이 걸려 있었다. 동농 김가진은 〈덕휘루(德輝樓)〉, 〈천등산봉정사(天燈山鳳停寺)〉 현판을 썼다. 석능 김두한은 〈만세루(萬歲樓)〉 현판을 썼다. 동농 김가진이 쓴 〈천등산봉정사〉 현판은 만세루 입구 쪽에 걸려 있었고, 석능 김두한이 쓴 〈만세루〉와 동농 김가진이 쓴 〈덕휘루〉 현판은 만세루 안에 걸려 있었다. 이외에도 '이추담인'이라고 낙관이 되어 있는 〈나무아미타불〉 현판도 걸려 있었다.

덕휘루의 '덕휘'는 덕이 빛난다는 뜻이다. 나라가 태평하면 하늘에서 봉황이 내려온다는 전설과 관련되어 있다. '덕휘'는 중국 전한 시대 가의가 쓴 「조굴원부」의 "봉황은 천 길 높이로 날면서 덕이 빛나는 곳을 보고 내려앉는다[봉황상우천혜 남덕휘이하지(鳳凰翔于千兮 覽德輝而下之)]."에서 따왔다고 한다.

덕휘루는 봉정사의 다른 전각들에서처럼 유교적인 흔적이 남아 있는 것과 유사한 이름이다. 퇴계 이황이 짧은 기간이지만 봉정사에서 글공부를 했고, 봉정사 입구 쪽 명옥대에서 제자들을 가르친 것과도 관련이 있는 듯했다. 퇴계 이황뿐만 아니라 많은 유생들이 이곳에 와서 글을 읽고 시를 지은 영향으로 '덕휘루'란 이름이 지어지지 않았을까 싶다.

그런데 언제인지 모르지만 덕휘루가 만세루로 불리게 되었다. 동농 김가진이 〈덕휘루〉 현판을 1913년에 썼으니 만세루로 불리게 된 것은 그 이후로 보인다. 불교 본래의 의미를 담은 전각으로 제자리를 찾은 셈이다. 만세루는 '부처님의 법이 만년세세 전해지다.'는 의미다. 그러니까 만세루는 부처님 법이 영원하기를 기원하는 2층 누각이다.

1680년에 지어진 만세루는 정면 5칸, 측면 3칸의 맞배지붕 전각이다. 누각 아래층 중앙 통로 계단을 통해 대웅전 앞마당에 이른다. 불국토에 이르는 마지막 누각이니 영주 부석사 안양루와 같다. 봉정사 만세루는 불국토에 이르는 마지막 문, 불이문인 셈이다. 2층에는 법고, 목어, 운판이 있었다.

세상의 모든 사물에는 이름이 있다. 장자는 『장자』 '제물론'에서 "사물은 그렇게 부르기로 했기에 그렇게 일컫는다[물위지이연(物謂之而然)]."이라고 했다. 이름은 인간이 사물을 구별 인식하기 위해 편의상

봉정사 만세루
무량해회 쪽에서 바라본 모습이다.

붙인 것이다. 그 결과 사물과 이름은 아주 단단하게 밀착되었다. 그래서 우리는 이름과 사물을 같은 것으로 인식한다. 이름이 사물의 실재를 말해 주지 않지만, 아이러니컬하게도 그 이름 때문에 사물의 본래 모습을 보는 데 어려움이 있다. 그런데도 우리는 이름과 사물이 일치한다고 믿는 세계 속에서 살아가고 있다.

진리는 언어 너머에 있지만 언어에 의지할 수밖에 없다. 깨달음의 세계도 언어에 의지해 전할 수밖에 없지만, 언어로 전할 수 없는 경지다. 세계를 표현하는 유용한 도구인 언어가 역설적이게도 세계를 이해하는 장애물이 되는 것이다. 수행은 형상과 이름에 붙어 있는 언어적 분

내 생애 한 번쯤 절 여행을 떠난다면

별을 걷어 내는 과정으로 본래 있는 그대로의 모습을 보려는 것이다. 모든 형상과 이름의 관념을 깨트리고 세계의 실상을 보려는 것이다.

보수 공사 중인 봉정사 만세루의 안과 밖을 드나들며 이름을 찾아보았다. 그 어디에도 〈만세루〉 현판도 〈덕휘루〉 현판도 없었다. 본래 이름이 없었는데 누군가가 지어 놓은 이름을 두리번거리며 찾고 있었다.

『금강경』 '제5 여리실견분'에는 "무릇 형상 있는 모든 것은 허망한 것이니 모든 형상이 형상 아님을 본다면 곧 여래를 보리라."는 사구게가 나온다. '제26 법신비상분'에서는 "만약 형색으로 나를 보거나 음성으로 나를 찾으면 이 사람은 삿된 길을 걸을 뿐 여래를 볼 수 없으리라."고 한다.

신체적 모양이나 특징에서 여래를 본다면 그 형상에 집착하게 된다는 것이다. 그 집착으로 여래의 참모습을 볼 수 없는 것처럼 진리를 제대로 볼 수 없다. 보수 공사 중인 봉정사 만세루를 보고 그 이름을 애타게 찾는 모습을 보다가 『금강경』의 가르침이 떠올랐다. 보수 공사 중인 만세루에서 지금의 나를 보는 것 같았다.

작지만 아름다운 암자 | 봉정사 영산암

봉정사는 극락전의 유명세에 가려 다른 전각들은 가볍게 스쳐 지나갈 수 있다. 더구나 작은 절이기에 극락전과 대웅전을 보면 발길이 오던 길로 향할 수도 있다. 그럼 너무 아쉽지 않은가. 봉정사 옆에는 영산 암이라는 작고 아름다운 암자가 있다. 영산암은 무량해회 전각 오른쪽 백여 미터 지점에 있다.

돌계단을 오르면 몇 개의 전각이 옹기종기 모여 있는 것처럼 보인다. 정면에서 보면 2층 누각 형태의 우화루가 출입문 역할을 한다. 우화루 와 연결된 관심당이 오른쪽에 있고, 우화루 왼쪽에는 송암당, 우화루 뒷쪽에는 응진전, 그 왼쪽에 삼성각과 염화실이 빈 공간 없이 배치되어 있다. 전체적으로 보면 ㅁ자 구조다. 그리고 ㅁ자가 만들어 내는 작은

봉정사 영산암
앞 전각이 우화루, 오른쪽에 이어진 전각이 관심당, 왼쪽 전각이 송암당이다.
양반 사대부 집 모양처럼 보인다.

내 생애 한 번쯤 절 여행을 떠난다면

마당의 모서리 부분에 바위를 뚫고 성장한 소나무가 있다.

우화루는 원래 봉정사 극락전 앞에 있던 것을 이곳으로 옮겨 왔다고 한다. 원래 자리에 있었으면 대웅전 앞의 만세루, 극락전 앞의 우화루가 대칭 구조를 이루는 가람 배치가 되었을 것이다. 그런데 영산암 앞으로 옮겨 놓아 양반 사대부집 구조처럼 되었다. 봉정사 대웅전에 툇마루가 있는 것처럼 유교적인 문화가 사찰에 들어온 듯하다. 우화루는 석가모니 부처님이 설법할 때 꽃비가 내렸다는 이야기에서 유래했다.

우화루 2층으로 올라가면 앞뒤 부분에 벽이 없어 영산암의 안과 밖을 동시에 조망할 수 있다. 이곳 마룻바닥에 앉아 차를 마시며 시를 짓고 대화하기 좋은 공간이다. 2018년 문재인 전 대통령이 봉정사를 방문했을 때 이곳에서 스님과 차를 마셨다고 한다. 봉정사 대웅전에 영국 여왕 방명록은 있는데, 대통령의 방명록은 없다. 마루 왼쪽에는 〈다향실〉이란 현판이 걸려 있는 작은 방을 만들어 놓았다. 오른쪽의 관심당은 수행자들의 요사채로 쓰고 있다.

우화루 왼쪽 전각은 송암당인데 그 앞에 있는 소나무를 염두에 두고 지은 이름 같다. 염화실에 머물고 있는 스님의 말에 의하면 바위 사이에 있던 작은 소나무가 성장하면서 바위가 깨졌다고 한다. 지금은 소나무가 크게 자라 마당 한쪽을 정원처럼 장식하고 있다. 우화루 뒷쪽에는 나한전이라고도 하는 응진전이 있다. 〈응진전〉 현판 글씨는 탈색되어 쉽게 알아보기 어렵다.

영산암의 영산은 부처님이 법화경을 설한 왕사성 근처의 영취산에서 유래했다. 영산회상은 법화경을 설법할 때의 모임을 말한다. 법당의 후불탱화 영산회상도는 영산회상의 모습을 그린 것이다. 영산암은 영화 〈달마가 동쪽으로 간 까닭은〉과 〈동승〉 촬영지였다. 봉정사 입구에는 이를 홍보하기 위한 안내석이 있다.

〈달마가 동쪽으로 간 까닭은〉 영화는 노스님, 수도승, 동자승 등 3세대에 걸친 수행과 해탈을 다룬 작품이다. 인간의 유한한 숙명, 끊을 수 없는 속세에의 번뇌, 이를 극복하기 위한 지난한 구도의 과정을 담아냈다. 영화에서 노스님이 거주했던 곳이 영산암이다. 〈달마가 동쪽으로 간 까닭은〉 제목은 '달마가 서쪽에서 온 까닭은[조사서래의(祖師西來意)]'과 같은 말이다. 동쪽은 중국을, 서쪽은 인도를 가리킨다.

어느 스님이 "무엇이 달마대사가 서쪽에서 온 뜻인가요?"라고 묻자 조주스님이 "뜰 앞의 잣나무."라고 대답했다. 진지한 질문에 대답은 엉뚱하다. 동문서답 같다. 선문답이고 화두라고 한다. 질문의 요지는 '불법의 대의가 무엇인가. 선의 본질이 무엇인가. 마음의 본질이 무엇인가.'이다. 이 질문에 조주스님은 "뜰 앞의 잣나무."라고 대답했지만 이 질문을 받은 다른 선사들은 묻는 이의 근기, 상황 등에 따라 다양하게 대답했다고 한다.

우화루가 없었다면 영산암은 아주 작은 암자로만 보였을 것이다. 우화루는 영산암을 폐쇄 구조로 만들면서 동시에 개방적인 암자로 변하게 한다. 우화루는 불국토와 사바세계를 가르는 경계이면서 동시에 연결시켜 주는 곳이다. 꽃비를 맞으면서 깨달음의 세계로 들어가는 관문이다. 봉정사에 가면 영산암 우화루에 앉아 '달마가 동쪽으로 간 까닭은' 무엇인지 잠시 입정(入定)에 들어가 보는 것은 어떨까.

절 입구에 정자가 있네 | 명옥대

처음 만나는 사람에게 가장 큰 베풂은 무엇일까. 친절과 환대다. 처음은 호기심과 아울러 불안과 두려움이 동반되기 때문이다. 낯선 곳에 갔을 때 가장 고마운 사람은 누구일까. 길을 가리켜 주는 사람이다. 낯섦에도 처음과 같은 두려움이 뒤따르기 때문이다. 처음과 낯섦은 이렇게 닮았다. 그래서 처음과 낯섦을 만났을 때 가장 고마운 사람은 친절하게 길을 가르쳐 주는 사람이다.

안동 봉정사에 갔을 때 친절하게 길을 가리켜 주는 사람을 만났다. 주차장에서 주불전이 있는 곳까지는 가까운 거리이지만 힘이 들 수 있으니 차를 타고 가란다. 명옥대의 위치를 물어보니 일주문 가기 전에 있는데 먼저 절을 보고 내려오다가 보면 좋다고 알려 주었다. 길을 가르쳐 주는 동안 그는 처음 만나는 사람에게 미소를 거두지 않으며 친절했다. 그의 친절 덕분에 불안과 두려움 없이 봉정사 입구까지 무난히 갈 수 있었다.

봉정사를 보고 내려오다 그가 가르쳐 준 대로 명옥대를 가보았다. 명옥대는 봉정사 일주문을 가기 전 왼쪽 계곡 건너편에 있는 정자다. 봉정사만 가려고 하는 사람에게는 지나쳐도 좋은 곳이다. 그런데 이곳은 조선 시대 최고의 성리학자로 불리는 퇴계 이황이 66세 때 벼슬을 그만두고 낙향하여 제자들을 가르쳤던 곳이다. 그리고 그는 50여 년 전인 16세 때 3개월 정도 봉정사에서 글공부를 했다.

명옥대를 가려면 작은 계곡을 건너야 한다. 계곡이니 천등산 자락에서 발원한 물이 흘러내린다. 그곳에는 높고 넓은 너럭바위가 있다. 계곡의 물은 그 바위에 이르러 잠시 숨 고르기를 한다. 천 길 낭떠러지로 떨어지기 때문이다. 백척간두진일보는 두렵다. 하지만 한 발짝 내딛지 않고는 새로운 세계에 도달할 수 없다. 비류직하 하는 폭포를 보고 폭포 소리를 듣기에 멀지도 가깝지도 않은 곳에 명옥대가 있다.

봉정사 아래에 있는 명옥대

내 생애 한 번쯤 절 여행을 떠난다면

명옥대는 사방이 트인 정자다. 주위의 자연과 서로 소통이 되는 곳이다. 벽이 없어 통풍은 물론 통음과 통광이 자유로워 막힘이 없다. 글을 읽고 시를 짓고 음풍농월하기 좋은 곳이다. 처음에는 방 1칸, 누각 2칸의 3칸 건물이었다고 한다. 현재의 정자는 1920년경 개축된 것으로 정면 2칸, 측면 2칸이고 사방에 계자난간을 둘렀다.

명옥대에는 〈명옥대(鳴玉臺)〉와 〈창암정사(蒼巖精舍)〉라는 두 개의 현판이 걸려 있다. 정자 안에는 이 정자의 이름이 본래 낙수대였으나 중국 서진(西晉)의 시인 육사형이 쓴 "나는 샘이 명옥을 씻어 내리네(飛泉漱鳴玉)"라는 시구의 마지막 두 글자를 따서 이름을 명옥대로 개칭했다는 내용의 현판이 걸려 있다. 바위에서 떨어지는 물이 옥이 우는 소리처럼 들리는 그때 육사형의 시가 떠올랐나 보다. 〈창암정사〉는 다음의 퇴계 이황이 지은 「명옥대」란 제목의 시에 나오는 '창암'을 따서 지은 것이라고 한다.

이곳에서 노닌 지 오십 년
젊었을 적 봄날 온갖 꽃 앞에서 취했었네
함께한 사람들 지금은 어디에 있는가
푸른 바위, 맑은 폭포는 예전 그대로이네
맑은 물, 푸른 바위 경치는 더욱 기묘한데
감상하러 오는 사람 없어 숲이 쓸쓸하네
훗날 호사가가 묻거든

퇴계 늙은이가 앉아 시 읊던 때라 대답해 주오

此地經遊五十年 韶顏春醉百花前

只今攜手人何處 依舊蒼巖白水懸

白水蒼巖境益奇 無人來賞澗林悲

他年好事如相問 爲報溪翁坐詠時

(차지경유오십년 소안춘취백화전

지금휴수인하처 의구창암백수현

백수창암경익기 무인래상간림비

타년호사여상문 위보계옹좌영시)

　이팔청춘 시절 짧은 기간 봉정사에서 머물던 추억이 오십 년 뒤에 한
편의 시로 탄생했다. 시에는 퇴계 이황이 이곳에서 머물 때의 정감과
그로부터 오십 년 후에 와서 느끼는 감정이 잘 나타나 있다. 명옥대 옆
의 바위를 타고 쏟아지는 폭포수는 여전한데 어릴 적 이곳에서 함께 공
부하고 소요하던 친구들이 곁에 없는 쓸쓸한 마음이 느껴진다. 임금의
관직 제수를 병 핑계로 마다하며 낙향한 선비의 귀거래사 같다.
　명옥대 바로 옆에는 천등산 계곡의 물을 폭포수로 만들어 떨어뜨리
는 바위가 있다. 그 바위에는 누군가 「명옥대(鳴玉臺)」란 제목에 4행의
글을 새겨 놓았다. 정자도 명옥대이고 이 바위도 명옥대다. 오백여 년
전 퇴계 이황이 이곳에 머물 때의 물은 아니지만 물은 여전히 흘러 바

위에서 폭포수로 떨어진다. 이 폭포수가 이황과 지금의 나를 연결시켜
주고 있으니 오묘한 인연이다.

봉정사에서 글공부를 하고 명옥대에서 제자들을 가르쳤던 퇴계 이
황은 「봉정사 서루(鳳停寺棲樓)」라는 시도 남겼다.

법당 서쪽에 누각 하나 가로질러 있는데
신라 때 세웠으니 몇 번이나 무너지고 다시 세웠을까
하늘에서 등불이 내려와 부처가 됐다는 말 허깨비 같네
왕기가 흥해 태를 묻었다는 말도 사실이 아니네
산은 비를 머금어 그림자색 짙어지려 하고
향기로운 봄을 보내는 새는 지극히 우는구나
어릴 때 깃들던 곳 표표히 이르러
흰머리가 되어 보니 허명에 안주하던 때가 슬프구나

梵宮西畔一樓橫 創自新羅幾毁成
佛降天燈眞是幻 胎興王氣定非情
山含欲雨濃陰色 鳥送芳春款喚聲
漂到弱齡栖息處 白頭堪歎坐虛名
(범궁서반일루횡 창자신라기훼성
불강천등진시환 태흥왕기정비정
산함욕우롱음색 조송방춘관환성

성리학자로서 불교를 보는 시각이 행간에 묻어난다. 그럼에도 젊었을 적 이곳에서의 추억이 그를 다시 봉정사와 명옥대로 발길을 옮기게 하였다. 세상의 명리와 이치를 구하던 젊은 날의 추억과 열정도 노년에 이르면 허깨비 같다는 지혜를 얻은 노학자의 마음이 엿보인다.

『금강경』의 마지막 품인 '응화비진분'은 『금강경』의 가르침을 게송으로 끝맺고 있다. "일체 모든 유위법은/ 꿈·허깨비·물거품·그림자 같고/ 이슬·번개 같으니/ 마땅히 이렇게 관찰할지라[일체유위법 여몽환 포영 여로역여전 응작여시관(一切有爲法 如夢幻泡影 如露亦如電 應作如是觀)]."

유위법은 인연에 의해 지어진 모든 현상계를 가리킨다. 이 현상계는 갖가지 조건으로 일어났다 사라지기에 무상을 피해 갈 수 없다는 것이다. 이러한 이치를 제대로 통찰하고 일체의 상 즉 내가 있다는 관념을 버리고 실상을 깨달으라는 가르침이다. 현상을 있는 그대로 보는 공부를 하라는 것이다.

봉정사 대웅전을 비롯해 여러 전각들은 양반 사대부 집에 설치된 툇마루와 난간이 있다. 불법의 전각에 유교의 문화가 들어온 듯도 하다. 봉정사와 명옥대는 젊은 날의 퇴계 이황에게 진한 흔적을 남긴 것 같다. 그래서 명옥대는 봉정사 산문 밖에 있지만 산문 안에 있는 누각과 같다. 봉정사를 보고 내려오다가 명옥대에서 선시 한 수 짓는 것은 어떨까. 명옥대에서 주차장으로 내려오는데 올라갈 때 길을 안내해 주던 분이 환한 미소로 반겨 주었다.

마치며

절은 예불 공간이자 수행 공간이다. 수행자들이 머무는 공간이기도 하다. 그래서 절에 갈 때는 옷매무새 하나라도 챙기게 된다. 마음가짐과 몸가짐을 가지런히 하게 된다. 나를 단속하는 곳이다. 오랜 세월에 거쳐 존속해 왔기에 역사와 문화가 축적된 곳이기도 하다. 종교적 시설이면서 문화유산이다. 그곳에 있는 건축물들은 불교의 교리와 사상에 따라 세워졌다. 종교적 필요에 의해 설치된 상징물이자 일상생활을 위한 시설이기도 하다. 또한 절은 불자가 아니더라도 쉼의 여유를 찾기 위해서 찾아가는 곳이다. 템플 스테이가 생긴 이유다.

절에 가면 편안하다. 오래된 절에 가면 더욱 그렇다. 된장국 같은 은은한 향기가 풍기기 때문이다. 엄마의 품에 안긴 것 같다. 옛 절은 산에 있어 그곳에 가는 것만으로도 마음이 맑아진다. 절은 수많은 사람들이 드나들며 남긴 이야기들로 가득한 곳이다. 재미있는 이야기를 읽는 재미가 쏠쏠하다. 절은 늘 개방되어 있다. 아무도 출입을 막지 않는다. 마음이 넓어지는 곳이다.

내 생애 한 번쯤 절 여행을 떠난다면

절을 찾아다니며 절에 얽힌 이야기를 읽는 것은 오래된 이야기책을 읽는 것 같다. 절에는 오랜 기간 이곳에서 수행하거나 드나들었던 사람들의 삶과 예술이 짙게 배어 있기 때문이다. 일주문 앞에서부터 시작되는 절 순례는 절의 아름다움과 사람들이 남긴 이야기를 읽는 즐거움에 빠져드는 시간이다.

절을 찾아가는 것도 시절 인연이 있어야 가능했다. 불교를 공부하고 붓글씨를 쓰면서 절을 자세히 보게 되었다. 얕은 지식과 거친 문체로 절의 아름다움과 이야기를 제대로 담아내지 못해 아쉬웠지만 페이스북에 올려 공유했다. 나처럼 시절 인연이 닿는 누군가가 절에 가서 부처님의 법을 만날 수 있지 않을까 하는 기대 때문이었다. 사람으로 태어나기 어렵지만 부처님 법을 만나기도 어렵다고 하지 않는가.

고명석,『왕초보 불교교리 박사 되다』, 민족사, 2009.

곽철환,『이것이 불교의 핵심이다』, 불광출판사, 2014.

김명우,『왕초보 반야심경 박사 되다』, 민족사, 2011.

김봉렬,『이 땅에 새겨진 정신』, 이상건축, 1999.

김봉렬,『앎과 삶의 공간』, 이상건축, 1999.

김사업,『인문학을 좋아하는 사람들을 위한 불교수업』, 불광출판사, 2017.

김현준,『사찰, 그 속에 깃든 의미』, 효림, 1997.

대한불교조계종 교육원,『불교개론』, 조계종출판사, 2022.

대한불교조계종 교육원,『부처님의 생애』, 조계종출판사, 2010.

대한불교조계종 교육원,『주석본 금강반야바라밀경』, 조계종출판사, 2009.

대한불교조계종 포교원,『불교개설』, 조계종출판사, 2019.

대한불교조계종 포교원,『불교입문』, 조계종출판사, 2017.

목경찬,『사찰 어느 것도 그냥 있는 것이 아니다』, 조계종출판사, 2008.

목경찬,『연기법으로 읽는 불교』, 불광출판사, 2014.

서광,『치유하는 불교 읽기』, 불광출판사, 2012.

내 생애 한 번쯤 절 여행을 떠난다면

이제열,『왕초보 금강경 박사 되다』, 민족사, 2011.

이중환(안대회 · 이승용 외 옮김),『완역 정본 택리지』, 휴머니스트, 2018.

자현,『사찰의 비밀』, 담앤북스, 2014.

최순우,『무량수전 배흘림기둥에 기대서서』, 학고재, 1994.

탁현규,『아름다운 우리 절을 걷다』, 지식서재, 2021.

한자경,『마음은 어떻게 세계를 만드는가』, 김영사, 2021.

한정갑,『재미있는 사찰 이야기』, 여래, 2002.

허균,『사찰 장식 그 빛나는 상징의 세계』, 돌베개, 2000.

홍창성,『불교철학 강의』, 불광출판사, 2019.

홍창성,『무아, 그런 나는 없다』, 김영사, 2023.

내 생애 한 번쯤
절 여행을 떠난다면
ⓒ 김영택, 2024

초판 1쇄 발행 2024년 2월 16일

지은이 　김영택
펴낸이 　이기봉
편집 　　좋은땅 편집팀
펴낸곳 　도서출판 좋은땅
주소 　　서울특별시 마포구 양화로12길 26 지월드빌딩 (서교동 395-7)
전화 　　02)374-8616~7
팩스 　　02)374-8614
이메일 　gworldbook@naver.com
홈페이지 www.g-world.co.kr

ISBN 　979-11-388-2765-2 (03910)